MANUALES PARA LA SALUD

ROSY DANIEL - JANE SEN

COMBATIR EL CÁNCER CON UNA DIETA ADECUADA

Potencia tus defensas de forma natural

ONIRO

Título original: *Eat to Beat Cancer*
Publicado en inglés por Thorsons, an imprint of HarperCollins Publishers Ltd

Traducción de Nuria Martí

Diseño de cubierta: Valerio Viano

Distribución exclusiva:
Ediciones Paidós Ibérica, S.A.
Mariano Cubí 92 - 08021 Barcelona - España
Editorial Paidós, S.A.I.C.F.
Defensa 599 - 1065 Buenos Aires - Argentina
Editorial Paidós Mexicana, S.A.
Rubén Darío 118, col. Moderna - 03510 México D.F. - México

© 2004 exclusivo de todas las ediciones en lengua española:
    Ediciones Oniro, S.A.
    Muntaner 261, 3.º 2.ª - 08021 Barcelona - España
    (oniro@edicionesoniro.com - www.edicionesoniro.com)

ISBN: 84-9754-112-X
Depósito legal: B-416-2004

Impreso en Hurope, S.L.
Lima, 3 bis - 08030 Barcelona

Impreso en España - *Printed in Spain*

Dedicatoria

La doctora Rosy Daniel y Jane Sen desean dedicar este libro a los médicos y nutricionistas que en un principio fueron ridiculizados por señalar la vital relación que existe entre el cáncer y la dieta en los años sesenta y setenta. Unos de los pioneros en destacarlo fueron Gerson, Issels, De Vries, Moerman, Kelly, Breuss, Contreras y Forbes. Por entonces se consideró que todos aquellos doctores eran unos irresponsables al sugerir que las verduras crudas, las frutas y los cereales integrales contenían los elementos clave para protegernos contra el cáncer. Ahora, cuarenta años más tarde, la ciencia se está poniendo al mismo nivel que esos pioneros y el principal objetivo de los programas mundiales para prevenir el cáncer gira en torno a consumir una mayor cantidad de frutas y verduras y a seguir una dieta sana a base de productos sin procesar. Sentimos una profunda admiración por esas personas que fueron tan brillantes y valientes al soportar tantas críticas y desempeñar un papel tan importante ayudando a la raza humana a empezar a tomar el buen camino para recuperar la salud.

Índice

Agradecimientos

Deseamos expresar nuestra gratitud a los pioneros en la alimentación sana del Bristol Cancer Help Centre. Nos gustaría sobre todo reconocer la visión, dedicación y generosidad de quienes fundaron el centro: Penny y David Brohn y Pat y Christopher Pilkington y destacar el papel fundamental que han desempeñado el doctor Alec Forbes, primer director del centro, y la inusual nutricionista Ute Brookman (que en la actualidad sigue en el Centro), por haber creado una guía dietética que ha ayudado a miles de personas tanto a combatir el cáncer como a prevenirlo.

Desearíamos también dar las gracias a nuestros encantadores editores, Wanda Whiteley, Sam Grant y Claire Dunn por la fe que depositaron en este proyecto y al equipo de la editorial Thorsons por la gran labor que han llevado a cabo publicando este libro.

DRA. ROSY DANIEL Y JANE SEN

La doctora Rosy Daniel desea también expresar su agradecimiento a Jane Sen, coautora de la obra, por estar dispuesta a abandonar temporalmente el suntuoso mundo de una famosa chef para acudir al Bristol Cancer Help Centre y cambiar por completo la alimentación. Con su formidable destreza y creatividad hizo que la comida vegetariana fuera tanto deliciosa como accesible.

Prólogo

Somos aquello que comemos. ¿Cuántas veces hemos oído este sencillo y saludable mensaje nutricional y hemos ignorado el impacto que ejerce? A lo largo de siglos de evolución de la raza humana, hemos sobrevivido y nos hemos desarrollado. Pero en los últimos cincuenta años han tenido lugar dos cambios importantes y repentinos. Ahora podemos vivir mucho más tiempo gracias a la ciencia médica y esta tendencia continúa. Pero el cada vez mayor bienestar económico y la nueva tecnología alimentaria —producción, almacenamiento y preparación— ha hecho que la dieta occidental habitual sea sin lugar a dudas poco sana. Esta combinación de una mayor esperanza de vida y una dieta pobre nos está llevando a una epidemia sin precedentes de posibles enfermedades mortales como el cáncer, los infartos y los derrames cerebrales. Se calcula que el 35 por ciento de los cánceres están causados por una dieta poco sana, así como el 50 por ciento de los casos de enfermedades arteriales. ¿Qué podemos hacer para evitarlo? Necesitamos dos cosas: motivación e información. Y eso es lo que este oportuno libro de Rosy Daniel y Jane Sen nos ofrecen.

En él encontrarás algunos consejos muy prácticos. En Gran Bretaña se come en exceso todo tipo de alimentos inadecuados —producidos por una industria que dedica anualmente millones de libras en atractivos spots publicita-

rios y en estrategias de márketing. Una dieta sana no tiene
por qué ser cara. Esta amena guía muestra cómo cambiar la
dieta actual por otra mejor.

El primer capítulo explica por qué es necesario cambiar de dieta. Ingerir menos calorías para evitar la obesidad supone una obsesión para muchos, pero aquello que
comemos es igualmente importante. Con frecuencia se
escribe acerca de la dieta y la sobrealimentación, pero
todo eso no sirve de nada si no se adopta a largo plazo una
dieta sana.

El segundo capítulo describe cómo hacer los cambios
necesarios en la dieta, y el tercero detalla qué es lo que se
ha de cambiar.

Todavía hay muchas dudas sobre la alimentación y la relación que guarda con la salud. Una pequeña cantidad de
alcohol puede, por ejemplo, ser beneficiosa. Comer carne
magra también puede ser conveniente y una excelente
fuente proteica.

En cualquier caso, existen cuatro principios, recalcados
continuamente en este libro, que siempre están presentes
en cualquier estudio serio realizado sobre el tema:

1. Reducir la ingesta de grasa de origen animal
2. Aumentar la ingesta diaria de fibra
3. Comer muchas frutas y verduras frescas
4. Evitar la obesidad

El cuarto capítulo trata sobre el concepto de los alimentos como terapia. Sin duda la medicina convencional ha
evitado escrupulosamente este campo. La evidencia del beneficio objetivo es difícil de evaluar, pero si un paciente se
siente mejor después de cambiar de dieta, entonces por definición este cambio ha ejercido un efecto positivo. Cada
vez son más las personas, aquejadas de una amplia gama de

distintas enfermedades, que desean experimentar con su dieta, y esto forma parte del liberador proceso que entrega las riendas a los pacientes. Este libro nos ofrece a todos algunos consejos muy seguros y sanos.

KAROL SIKORA,
profesor visitante de medicina del cáncer,
Departamento de Medicina del Cáncer,
Imperial College School of Medicine,
Hammersmith, Londres

Introducción

Desde que se inauguró en 1980, el Bristol Cancer Help Centre ha usado una dieta sana como la piedra angular de su método para ayudar a los pacientes con cáncer a recuperar la salud. La doctora Rosy Daniel, antigua directora del centro, está ahora segura de que ésa es la clase de dieta que todos los occidentales hemos de adoptar sin demora para evitar sobre todo que el cáncer se instaure. Sabemos que el cáncer, las enfermedades arteriales y probablemente la artritis reumatoidea, el asma y la diabetes están estrechamente vinculados con la dieta y que el principal culpable es el consumo excesivo de productos de origen animal, de azúcares y de alimentos procesados y el relativamente bajo consumo de frutas, verduras y cereales integrales sin procesar. El problema es que aunque la mayoría de nosotros seamos conscientes de este hecho, solemos mostrarnos muy reacios a adoptar una dieta sana.

Esta resistencia puede deberse a una serie de factores. Es evidente que resulta agradable consumir alimentos dulces con un alto contenido de grasas. La satisfacción inmediata que nos producen los dulces, el chocolate y la comida preparada puede ser muy reconfortante. También hay que tener en cuenta la presión social, en la universidad, en el trabajo y en el hogar, que nos condiciona a comer alimentos «normales» para no dar la imagen de ser unas personas maníacas o difíciles de contentar. Hay, en particular, la presión que condiciona a los padres a ser una buena ama de casa y a preparar platos que se ganen de imediato la aprobación y el afecto de los seres amados, a veces a costa de preparar otros platos más sanos. Y, por supuesto, hay la imagen negativa que rodea a la comida sana. Con frecuencia hemos oído calificarla de «comida para conejos» o de «comida para hippies», o que convertirse en vegetariano equivalía a ¡morirse de hambre!

Si deseamos adoptar una dieta que sea más sana para nuestro cuerpo han de ocurrir por tanto dos cosas. La primera es ayudar a la gente a cambiar de dieta de modo que se convierta en un cambio duradero y que no provoque estrés o la sensación de verse privado de alimentos «más buenos». Y la segunda, relacionada con la primera, es cambiar ¡la imagen de la comida sana!

Ésa es la razón por la que hemos escrito este libro. Espero que sea una guía sumamente práctica de una dieta anticáncer.

Esperamos que, al disponer de este libro, obtendrás el conocimiento, la orientación, el apoyo y la inspiración necesarios para emprender la aventura de una nueva forma de cocinar y de comer. Este cambio no sólo te ayudará a recuperar la salud, sino que también constituirá una maravillosa expresión de tu propia creatividad y una gran fuente de placer.

Capítulo 1

¿Por qué cambiar nuestra forma de comer?

Los efectos de la dieta occidental

Ha llegado el momento para todos los que seguimos la típica dieta occidental de cambiar nuestra forma de comer. El cáncer y las enfermedades arteriales (causantes de infartos y hemorragias cerebrales) son las dolencias más estrechamente ligadas a unos hábitos alimenticios poco sanos; los japoneses, los chinos y los africanos que adoptan un estilo de vida y una dieta occidentales, empiezan a manifestar rápidamente la misma vulnerabilidad a esas enfermedades mortales, de las que antes, cuando tomaban una dieta más equilibrada, estaban protegidos.

El 75 por ciento de ingleses mueren de cáncer y de enfermedades arteriales.[1]

NUESTRA DIETA ESTÁ MUY DESPROPORCIONADA

Una dieta poco sana causa el 35 por ciento del cáncer en el mundo occidental, un porcentaje mayor al que se atribuye al tabaquismo, causante del 30 por ciento de los

1. Office of Population Censuses & Surveys.

cánceres.[1] El problema es que nuestra dieta ha evoluciona-
do más deprisa que la capacidad de nuestro cuerpo para asi-
milarla. A medida que ha ido creciendo nuestro nivel de
vida, nuestra dieta se ha vuelto más rica tanto en grasas
como en proteínas y se ha condimentado con más sal, azúcar, especias y aditivos alimentarios. Al mismo tiempo los
alimentos se han procesado y refinado mucho más, y se ha
eliminado con ello sus valiosos nutrientes y fibras. También
hay la tendencia a comer cada vez menos verduras, cereales,
legumbres y frutas, y esto ha creado la extraña y paradójica
situación de estar a la vez sobrealimentados y desnutridos.
El resultado es un deterioro crónico de los niveles energéticos, del sistema inmunitario del cuerpo y de la capacidad
para curarse por sí solo, que nos ha llevado a que nuestra
vulnerabilidad a las enfermedades aumentara en general.

En China el consumo de grasas constituye el 13 por ciento de la dieta, comparado con el 40 por ciento en el Reino
Unido; las proteínas de origen animal sólo forman el 7 por
ciento de las proteínas consumidas, comparado con el
70 por ciento en el Reino Unido, y las enfermedades coro-
narias son inferiores en China en una proporción de 4 a 100
a las del Reino Unido (es decir, por cada cuatro infartos su-
fridos en China hay 100 en el Reino Unido).[2]

Los vegetarianos son un 40 por ciento menos propensos
a morir de cáncer[3] y un 30 por ciento menos propensos a
morir de enfermedades cardiovasculares.[4]

1. Chronic Diseases Control Branch, Bal & Forrester, *Cancer 72* (3
DSuppl), pp. 1005-1010.
2. Junshi Chen, T. Colin Campbell, Li Junyao y Richard Petto, *A
diet lifestyle and mortality in China*, Cornell University Press, Ithaca, Nueva York, 1990.
3. Dra. Margaret Thorogood, *British Medical Journal* 308, 28 junio
1994, p. 6945.
4. London School of Tropical Hygiene, *British Medical Journal*, junio 1994.

El exceso de alimentos y la falta de energía

Los excesos crónicos en el consumo de grasas, proteínas, sal y azúcares sumergen al cuerpo en un estado de estrés fisiológico y de toxicidad. Esto ocurre porque nuestro sistema está diseñado de tal modo que sólo podemos tolerar una variación muy pequeña de los niveles de estas sustancias en la sangre, de lo contrario el funcionamiento de muchos de nuestros delicados tejidos, en particular el del cerebro, se altera. Para regular los niveles de esas sustancias en la sangre, el hígado, los riñones y el páncreas han de trabajar muchísimo. Estos procesos no sólo cuestan al cuerpo una gran cantidad de energía, sino que además consumen valiosos minerales, vitaminas y enzimas, gastando las reservas que hay en el cuerpo de esas vitales sustancias, con lo cual empeora el estado de deficiencia que ya sufrimos por nuestras poco nutritivas dietas.

A corto plazo los efectos de este proceso se reconocen por la somnolencia y las náuseas que podemos experimentar después de haber ingerido una comida pesada y por inhibir, durante una o dos horas, nuestra capacidad de funcionar adecuadamente. Pero lo que es más deplorable aún es el efecto que ejerce a largo plazo sobre nuestra energía. La queja más común que en la actualidad han de afrontar los médicos de cabecera es el nuevo síndrome de la fatiga persistente. Como es natural entramos en este círculo vicioso porque el letargo creado por los malos hábitos alimenticios nos quita las ganas de hacer el ejercicio físico necesario, lo cual, combinado con nuestros sedentarios trabajos, el estrés y otros malos hábitos como el de beber y fumar, nos abocan a un estado de agotamiento crónico.

La crisis del cuerpo

¡Pero el problema no acaba aquí! Como a pesar de todo su esfuerzo, el cuerpo pocas veces consigue metabolizar del todo ni eliminar los excesos de grasas, proteínas, azúcares y sal, a menudo su único recurso es almacenar esas sustancias inadecuadamente en las células o en los depósitos que hay a lo largo de las paredes de los vasos sanguíneos. Esto a su vez produce un endurecimiento de las arterias, la subsiguiente retención de líquido debido al desequilibrio del sodio, el potasio y la glucosa en las células, e incluso la deposición de proteínas en los tejidos que puede contribuir a la formación de anticuerpos y de procesos autoinmunitarios en los que el cuerpo empieza a fabricar anticuerpos contra él mismo, como ocurre en enfermedes como la artritis reumatoidea.

En estas condiciones ningún tejido del cuerpo puede trabajar adecuadamente y su buen funcionamiento corre peligro a todos los niveles; también engordamos y tendemos a tener celulitis, varices, problemas cutáneos y estrés a largo plazo en nuestro sistema musculoesquelético. La misma piel es un órgano excretor y muchos de los problemas de una piel grasa y de las posteriores manchas que nos salen a los occidentales (para las que se gastan anualmente miles de millones de libras en cosméticos) están causados por el papel que desempeña la piel al excretar los excesos de grasas y toxinas. El efecto de los excesos en el sistema musculoesquelético se aprecian de forma patente en el mayor desgaste que sufre el sistema y en la enfermedad degenerativa de la osteoartritis. La rigidez general que muchos de nosotros experimentamos en el cuerpo sin tener ninguna enfermedad en las articulaciones se debe a esos depósitos que se forman con los excesos de grasas, proteínas, azúcares y sal.

LOS TRASTORNOS INTESTINALES

Además, el hecho de no consumir suficiente fibra, frutas, verduras, cereales o legumbres nos crea más problemas aún. El efecto principal de esta deficiencia la padece el intestino. El paso de la comida por el intestino se ralentiza y eso produce molestias, distensión abdominal, estreñimiento y hemorroides, y a veces el síndrome del intestino irritable y diverticulitis. El efecto secundario es que el paso lento de la comida por los intestinos hace que cualquier toxina presente en los alimentos se absorba mucho más. Se ha descubierto que a las personas que se alimentan con una dieta rica en fibra, si accidentalmente ingieren toxinas o bacterias no suele pasarles nada, en cambio, las que se alimentan con una dieta baja en fibra tienen problemas estomacales.

LA ABSORCIÓN DE LOS ALIMENTOS

El organismo tarda varias horas en digerir los nutrientes de la celulosa de las frutas, los cereales, las legumbres y las verduras, de modo que después de ingerir esta clase de comida el cuerpo va absorbiendo poco a poco los nutrientes durante muchas horas. En cambio, al comer un producto con una alta concentración de azúcares o grasas en una forma fácilmente digerible, como la glucosa de una tableta de chocolate o la grasa de los fritos, entra rápidamente en el torrente sanguíneo y provoca una enorme subida en los niveles de azúcar y grasa en la sangre. El hígado y el páncreas trabajan vigorosamente para reducirlos con celeridad, con lo cual se pasa rápidamente de una subida a una caída de los niveles de estas sustancias en la sangre. Esto suele crear irritabilidad, más hambre y la tendencia a abalanzarse sobre otros alimentos que den una satisfacción rápida, lo cual desencadena de nuevo el ciclo que acaba de describirse.

LA PRODUCCIÓN DE MUCOSIDADES

La excesiva ingesta de grasas y proteínas tiene otro característico efecto, en particular a causa del gran consumo de productos lácteos: la producción de grandes cantidades sobrantes de mucosidades, es otra forma con la que el cuerpo intenta eliminar los excesos. Y esto se convierte a su vez en una propensión a las infecciones, a las enfermedades reumatoideas y a la exacerbación de las alergias. Puede que te interese saber que en el mundo chino la palabra «queso» significa «mucosidad sólida», está de más decir que los productos lácteos ¡forman una parte muy pequeña de la dieta tradicional china!

LA DEFICIENCIA DE VITAMINAS Y MINERALES

Como es natural el otro gran problema que conlleva el bajo consumo de frutas, verduras, cereales y legumbres es que estos alimentos constituyen la mayor fuente de vitaminas y, en particular, de minerales. Estos vegetales contienen además elevados niveles de *ácidos grasos esenciales*, que son para nosotros mucho más beneficiosos que los ácidos grasos de la carne. También son ricos en enzimas vegetales, que ejercen un efecto altamente beneficioso en nuestros procesos metabólicos, de crecimiento y de reparación. La definición de la palabra «vitamina» es «vital para vivir». Esta palabra es tan explícita que habla por sí sola.

Otro fenómeno que se da en Occidente es que nuestro apetito puede ser saciado por alimentos con muchas calorías pero que carecen de valor nutritivo. Por ejemplo, una tableta de chocolate puede saciarnos del todo, pero prácticamente no contiene más que azúcar. Para obtener la misma cantidad de calorías tendríamos que comer cerca de 2,5 kilos de manzanas; en el proceso habríamos ingerido también una gran cantidad de valiosas vitaminas, minerales, fibra y enzimas. Esto nos recuerda de nuevo que estamos sobrealimentados y al mismo tiempo desnutridos.

Todas las vitaminas, minerales y ácidos grasos esenciales que necesita nuestro cuerpo son vitales para el funcionamiento correcto de los tejidos. En la actualidad es evidente que las vitaminas A, C y E (a veces conocidas como las vitaminas antioxidantes), combinadas con los minerales del cinc y el selenio, juegan un papel especialmente importante, ya que nos protegen contra el cáncer al desactivar los peligrosos *radicales libres*, unas sustancias químicas que se absorben y forman en el cuerpo a causa de la polución y de las impurezas de la dieta. Los radicales libres atacan a los lípidos, las proteínas, las enzimas y el ADN, causando una diversidad de problemas patológicos y de cánceres. Las vitaminas son esenciales para proteger las células e impedir que las sustancias químicas de los «radicales libres» productoras del cáncer, procedentes de sustancias químicas cancerígenas, la radiación y el estrés metabólico provocado por una dieta poco sana, causen un *daño oxidativo* y se transformen en células cancerosas.

La ingesta diaria recomendada de estas sustancias, como indica el cuerpo médico, son las cantidades necesarias para no padecer afecciones carenciales como el escorbuto y el raquitismo, pero necesitamos muchas más para estar sanos. Una gran proporción de nuestra dieta tendría que componerse de frutas y verduras, en especial a medida que los productos petroquímicos y otro tipo de contaminación medioambiental se van incrementando. Mucha gente en la actualidad toma antioxidantes (en forma de suplementos de vitamimas y minerales) con regularidad como un método preventivo; en el capítulo 4 se detalla cómo usar las vitaminas y los minerales como método preventivo y como tratamiento.

Al parecer existe un gran mito que hemos de destruir, el de que cuánto más comamos —en especial en cuanto a todos los alimentos que en el pasado se creía eran especialmente buenos para nosotros, como la leche, el queso, la mantequilla, la crema y la carne— más sanos estaremos. En realidad es evidente que ocurre justamente lo contrario y que es esencial volver a una dieta mucho más natural, como la de los países más pobres, basada sobre todo en hidratos de carbono, legumbres, frutos secos, verduras y frutas, y en un bajo consumo de proteínas, azúcares, grasas y aditivos alimentarios.

La calidad de los alimentos de la sociedad «civilizada»

Por desgracia la desproporción de nuestra dieta occidental no es el único problema que tenemos. También hay el importantísimo tema de cómo se producen, procesan, envasan y almacenan los alimentos que ingerimos y, por tanto, en qué estado se encuentran cuando llegan a nuestra cocina.

LA CRÍA DE GRANJAS INTENSIVAS

La mayoría de granjeros se han visto obligados por la presión económica a realizar unos procesos de cría sumamente intensivos que sólo se consiguen a base de sustancias químicas, fertilizantes y hormonas que aceleran el crecimiento de los animales y los engordan.

La agricultura
Debido a la presión de tener que producir una cosecha tras otra de verduras en el mismo terreno, la salud y la homeós-

tasis del suelo se acaba alterando, y entonces es necesario utilizar más sustancias químicas aún para controlar las enfermedades, las plagas y las malas hierbas. En una granja de lechugas en la que trabajé en una ocasión durante las vacaciones estivales, se usaba el mismo terreno ocho veces cada verano, después de cortar las lechugas se volvían a plantar nuevos retoños al cabo de pocas horas. Para cada cosecha se fumigaba el suelo seis veces: dos para eliminar las malas hierbas, dos con pesticidas y otras dos con abono. El suelo desnudo se fumigaba con los pesticidas más tóxicos, justo al lado había las nuevas lechugas que empezaban a crecer y era imposible que no se contaminaran. Este ataque químico tiene lugar antes de la segunda ronda de sprays, gases y radiaciones utilizados para que la fruta y las verduras ¡lleguen en perfectas condiciones después del transporte!

Los efectos generales de estas prácticas son que el crecimiento de las plantas suele ser demasiado rápido como para que los nutrientes habituales puedan desarrollarse e incorporarse a ellas; este problema se acentúa más aún porque el suelo ya tiene un bajo nivel de los vitales oligoelementos debido a su repetido uso. Las verduras tienen un aspecto perfecto, pero carecen de sabor, contienen demasiada agua o incluso están vacías por dentro, como ocurre en algunos casos con las zanahorias; y sin duda no tienen los nutrientes que esperábamos encontrar en ellas. Por si fuera poco, se ha descubierto que estas verduras contienen las sustancias químicas utilizadas para estimular su crecimiento y protegerlas de los insectos. Resulta imposible eliminar las sustancias químicas tóxicas y evitar contaminarnos con ellas (aunque lavar las verduras con cuidado ayuda a eliminar de la superficie las sustancias químicas que se usaron después de haber crecido el producto).

La prohibición de usar el pesticida organoclorado Lindane en Israel ha reducido en general la incidencia del cáncer de mama en un 8 por ciento, y el porcentaje del grupo etario de menor edad en un 24 por ciento.[1]

La cría de animales

En la cría de animales pueden usarse sustancias (a menudo ilegalmente) como los esteroides y las hormonas para acelerar el crecimiento, aumentar la masa muscular e incrementar la producción de leche y huevos. También se utilizan fármacos para controlar las pestes y las enfermedades. Al igual que ocurre con los seres humanos, estas prácticas debilitan la capacidad del animal de erradicar las enfermedades y las infecciones. Estas sustancias pueden encontrarse en grandes cantidades en la carne del animal, en particular en el hígado y, por supuesto, pueden estar disueltas a unos niveles aún mayores, en las grasas o en la leche y transmitirse a los productos lácteos, ya que el animal expulsa las sustancias químicas. (Estas sustancias se concentran sobre todo en alimentos grasos como el queso y la crema). Además la hierba, el pienso y el agua que consumen están contaminados con pesticidas y fertilizantes, y estas sustancias químicas también se transfieren a los humanos a través de los productos de origen animal, en especial los que poseen un alto contenido en grasas.

También hay otra cuestión: el potencial de los productos de origen animal de transmitir infecciones. Como nuestra constitución se parece más a la de los animales que a la de las plantas, tendemos a ser víctimas de unos agentes infecciosos similares. Los productos de origen animal pueden transmitirnos bacterias como la de la salmonela (en los hue-

1. J. Westin y E. Richter, «The Israeli Breast Cancer Anomaly», *Annals New York Academy of Sciences*, 609, 1990, pp. 269-279.

vos), o de la listeria (en el queso), y virus como el de las «vacas locas». Son los que conocemos, pero estoy segura de que se descubrirá que muchas más enfermedades desconocidas de nuestra época tienen su origen en infecciones transmitidas por esta vía.

Los recientes desastres humanos y económicos provocados en primer lugar por la encefalopatía espongiforme bovina y, en segundo, por enfermedades de las patas y la boca, nos han demostrado cómo la cría de las granjas modernas y las técnicas de los mataderos dejan a la cadena alimenticia abierta a las infecciones. Creo que muchos más cánceres de los que conocemos se adquieren por medio de la infección viral que nos transmiten los alimentos. Ya sabemos que el 15 por ciento de los cánceres proceden de infecciones virales: el cáncer cervical, el cáncer primario de hígado y muchos de los linfomas y leucemias suelen tener este origen. Tengo el presentimiento de que en la próxima década se descubrirán los vínculos que conectan muchos otros cánceres comunes con los virus y con otros agentes infecciosos, ya que la relación que existe entre el cáncer y la cadena alimenticia de origen animal es muy estrecha.

Todo esto nos demuestra que la industria alimentaria moderna nos ofrece unos alimentos de bajo valor nutritivo, que además pueden estar contaminados, ser tóxicos, infecciosos y antigénicos. Muchos de los miembros de las generaciones más antiguas se quejan del poco sabor de la mayoría de verduras, frutas y carnes y de que los pollos de granjas de cría intensiva incluso saben a pescado (ya que a menudo son alimentados con pescado). En realidad cualquiera que haya cultivado sus propias verduras se sorprenderá por el delicioso sabor que tienen las verduras frescas cultivadas en casa comparado con el de las bellas aunque, en cuanto a su valor nutritivo, pálidas imitaciones que en general nos ofrecen en las tiendas.

EL PROCESO DE LOS ALIMENTOS

Por desgracia el proceso de los alimentos, que tiene lugar para transformar la materia prima en un producto sumamente comerciable de un tipo u otro, lo daña más aún al eliminar gran parte de la fibra, la sustancia celulósica y los nutrientes esenciales. Gran parte de este proceso es el característico de los alimentos «refinados» que convierte la harina integral en harina refinada, el arroz integral en arroz blanco y el azúcar integral en azúcar blanco. En el proceso se pierde una gran cantidad de importantes vitaminas, minerales y *cofactores* (necesarios para promover la actividad de otras sustancias, como las vitaminas). Además se destruyen más vitaminas y enzimas durante los procesos de calentamiento y esterilización, y al añadir sustancias químicas en los procesos de decoloración, coloración, aromatización, emulsión y estabilización; y mucho más aún con los efectos de los recipientes de plástico y la *irradiación gamma*. Se cree que los recipientes y las botellas de plástico pueden liberar sustancias químicas tóxicas en sus contenidos y en la actualidad muchos alimentos, en especial las frutas, las verduras y las especias, son sometidos a radiaciones para que se conserven frescos más tiempo. Aún se conoce muy poco sobre los posibles peligros y la pérdida nutritiva que esta práctica conlleva.

Sin embargo, lo que es evidente al contemplar las terriblemente largas fechas de caducidad de muchos alimentos envasados y procesados, es que en la actualidad dichos alimentos nos llegan prácticamente inertes. Son los productores sobre todo los interesados en controlar los procesos normales de deterioro de los alimentos, pero corremos el riesgo de que la vitalidad de los alimentos se destruya por completo y lo único que nos quede sea un cadáver químico en vez de un alimento vivo, sano y natural. La ilustración más vívida de ello se aprecia en una fotografía Kirlian que nos muestra la energía vital que irradia la materia. El campo energético de una barra de pan integral biológico es de varios centímetros de profundidad, en cambio, en una barra procesada de pan blanco ¡el campo energético ha desaparecido!

Y por si esto fuera poco, también existe el problema de los métodos de cocción que usamos. Por ejemplo, freír los alimentos a una temperatura muy elevada tiende a desnaturalizarlos porque la mayor parte de enzimas y vitaminas no pueden soportar las altas temperaturas. En el proceso de freírlos se crean en la grasa y en los alimentos peligrosos e inestables radicales libres. El uso de la barbacoa es aún peor, ya que los hidrocarburos presentes en el humo aceleran este proceso, en especial al asar carne. Curar la carne con salitre (como en el caso de muchos salamis) también es peligroso, porque el nitrato de potasio puede transformarse en el intestino en nitrosaminas cancerígenas.

Cocinar la comida en el microondas también puede tener unos efectos destructivos parecidos, porque estos aparatos usan un tipo de energía muy elevada y cocinan la comida a unas temperaturas superiores a las de la mayor parte de las técnicas de freidura. Por eso los alimentos cocinados en microondas han de dejarse reposar un poco, si no la alta energía que despiden del proceso de cocción iría a parar al intestino o al estómago y podría acarrearnos unas peligrosas consecuencias. Congelar la comida no es malo de por sí, pero la comida congelada se deteriora con el paso del tiempo y no ha de guardarse en el congelador durante meses y meses.

El resultado final de la industria alimentaria actual es que nos ofrece unos alimentos de un aspecto excelente, pero que pueden estar más muertos que vivos, carecer de nutrientes, estar contaminados por los factores químicos y de crecimiento y, por si fuera poco, tener un contenido muy bajo en fibra.

El agua

Es también muy probable que el agua que bebemos del grifo esté seriamente contaminada. Muchas autoridades responsables de la potabilidad del agua no comprueban de una forma rutinaria los derivados de las industrias plásticas, petroquímicas o agropecuarias. Las organoclorinas, por ejemplo, pueden imitar a las hormonas y podrían ser las responsables del sorprendente aumento de cánceres relacionados con las hormonas (los más comunes son los de pulmón, mama y próstata). Nos aseguran, por supuesto, que los alimentos y el agua que consumimos son seguros, pero esto sólo es válido cuando se conoce la presencia de contaminantes y se ha medido sus niveles, cuando se conoce los efectos que producen y, naturalmente, cuando los que tienen un interés comercial ¡no impiden la distribución de información al respecto!

La cantidad de comida que consumimos

La mayoría de occidentales consumimos demasiada comida. Cerca del 60 por ciento de los británicos adultos tienen exceso de peso y la proporción es incluso mayor en EE. UU. En realidad se ha dicho que la cantidad que se gasta en productos para adelgazar en los países ricos podría resolver fácilmente el problema del hambre en los países del Tercer Mundo. Nuestro apetito puede satisfacerse con cantidades relativamente moderadas de comida, pero seguimos comiendo y comiendo por toda clase de razones. Este hábito no sería tan perjudicial si los alimentos que consumimos tuvieran un alto contenido en fibra y un bajo contenido en calorías, pero normalmente ocurre justo lo contrario. La obesidad que nos crea constituye sin duda un problema.

Nuestra movilidad se ve reducida y hace que apenas nos apetezca hacer ejercicio. Con lo cual nos volvemos más inactivos y nuestra postura corporal se deteriora. Las articulaciones se resienten y somos más proclives a tener problemas de tipo artrítico. También corremos el riesgo de padecer hipertensión y una pobre circulación sanguínea, y si han de practicarnos una intervención quirúrgica, la anestesia supone un riesgo para nosotros.

La obesidad también nos hace sufrir porque estamos descontentos con nuestra propia imagen y hemos de soportar además la carga adicional del estrés, la dieta y los excesos gastronómicos. Aparte de todos estos conocidos problemas que conlleva, hay la nueva relación que se ha establecido entre la obesidad y el riesgo de padecer cáncer. Al principio se señaló que parecía ser que las mujeres de los campos de prisioneros de guerra alimentadas con una dieta pobre casi no tenían cáncer de mama. Desde entonces se ha demostrado la relación que existe entre el consumo de una gran cantidad de calorías y el cáncer de mama, de próstata, de colon y de ovarios. Los estudios realizados con animales han puesto de manifiesto que una reducción de un 30 por ciento en el consumo de comida detenía el crecimiento de cualquier tumor y doblaba la esperanza de vida de los animales. También demostraron que al disminuir las cantidades de proteínas, azúcar y grasas en la dieta, se reducía el crecimiento del tumor directamente y de manera exponencial.

Aunque ha sido casi imposible repetir estos estudios con seres humanos (ya que es difícil esperar que un grupo aleatorio siga una dieta hipocalórica durante largas temporadas para medir el posible efecto que tiene sobre el desarrollo de un tumor), se ha demostrado sin duda que la grasa está estrechamente ligada a muchos cánceres, en particular a los cánceres hormonales (de mamas, ovarios, útero, próstata y testicular), y también al cáncer de colon. La relación es mucho mayor con las grasas de origen animal que con las de origen vegetal, y la incidencia general de cáncer es mucho más elevada en los países ricos que en los países pobres. La grasa no se considera iniciadora del cáncer, sino promotora del mismo una vez éste se instala en el cuerpo.

La Asociación Americana contra el Cáncer afirma que en las personas con exceso de peso se da un 50 por ciento más de incidencia de cáncer.

Se sabe que los tejidos adiposos producen hormonas y es muy probable que sea el mecanismo en sí de la obesidad el que crea un riesgo adicional de padecer cáncer. En otras ocasiones, como ya he mencionado, podría deberse a las sustancias químicas contaminantes presentes en las grasas de origen animal que ingerimos directamente al consumir la carne o bien a través de los productos lácteos. La grasa de origen animal contiene tanto las propias hormonas del animal como otras sustancias usadas para estimular el crecimiento del mismo y la producción de leche, o las sustancias químicas que el animal ha ingerido a través del pienso, la hierba o el agua. En resumen, tanto la grasa de los animales como nuestra propia grasa se convierten en productoras y almacenadoras de sustancias potencialmente perjudiciales que nos hacen correr un mayor riesgo de contraer cáncer. Vale la pena señalar que la grasa del pollo y la del pescado, a diferencia de la de otros animales, se almacena más bajo la piel que en la propia carne y resulta por tanto más fácil de eliminar antes de cocinarla si se desea (sacando y desechando la piel).

LAS BEBIDAS

Las bebidas edulcoradas y el alcohol son la mayor fuente de calorías extra y de obesidad en Occidente. Hace veinte años la mayoría de la gente bebía agua en las comidas y las bebidas alcohólicas o las edulcoradas se reservaban sólo para las ocasiones especiales. Hoy en día es normal consumir 1.000 calorías extra al día con las sodas, las cervezas, el vino, las bebidas alcohólicas y los cócteles, y la leche y el azúcar que se añaden al té y al café. Nos encontramos de nuevo en la trampa de las «calorías vacías», ya que nos saciamos con sustancias que apenas tienen un valor nutritivo engordando en el proceso.

Cómo comemos

A continuación debemos enfrentarnos a la cuestión de cómo comemos y de hasta qué punto somos capaces de digerir la comida y de nutrirnos con ella. Para digerir y absorber la comida adecuadamente, hemos de estar relajados. Cuando estamos estresados, apresurados o preocupados por otras cosas, el sistema nervioso está en un estado de excitación, lo cual favorece el funcionamiento del cerebro y de los músculos, es decir, los órganos responsables de actuar y pensar, del reflejo de luchar y huir. Esto ocurre a expensas de las funciones internas encargadas del cuerpo, que no pueden trabajar óptimamente a no ser que estén en un estado relajado y que la «atención» del organismo esté puesta en la digestión, la absorción, el metabolismo, la función inmunológica, el crecimiento y la reparación. De modo que podemos tomar una comida muy sana pero estar obteniendo sólo una pequeña proporción de sus beneficios nutritivos. Un ejemplo extremo de ello se encuentra en el síndrome de detención del crecimiento y desarrollo de los bebés, en los que su crecimiento se ve inhibido por el miedo y la ansiedad provocados por la falta de contacto físico, del vínculo afectivo y de amor. En este estado la absorción de la comida y el crecimiento prácticamente se paralizan.

En nuestro estresado y rápido estilo de vida moderno en el que muchas veces comemos de pie, en el coche, mientras hablamos por teléfono o mientras hacemos veinte cosas más, la digestión y la nutrición corren un grave peligro. El tomarnos o no el tiempo para comer y disfrutar de la comida puede ser uno de los signos más claros de si somos literalmente capaces de otorgarnos el espacio y el tiempo necesarios para alimentarnos a un nivel físico, y más aún emocional y espiritual.

COMER PARA SENTIRSE MEJOR

Utilizar la comida como un apoyo emocional —ya sea comiendo o dejando de comer— es algo muy común que hacemos tanto para sentirnos mejor como para alejar una sensación desagradable. Algunas personas al dejar de comer sienten que recuperan las riendas de su vida, en algunos casos incluso llegan al extremo de la anorexia. Los alimentos pesados, dulces y grasos nos producen un efecto sedante por su toxicidad y por el trabajo que el cuerpo ha de realizar para reestablecer el equilibrio. Para otros la comida puede ser un sustituto de ¡los tranquilizantes! Muchas personas descubren al intentar cambiar de dieta y abandonar los alimentos poco sanos que de pronto han de hacer frente a emociones y sentimientos que habían reprimido durante años porque se sentían incapaces de afrontarlos.

Esta clase de situación puede conducir a una dependencia adictiva a la comida al igual que hay gente que se vuelve adicta al alcohol o a las drogas. A veces incluso se ha constatado que algunas personas se vuelven adictas a alimentos que les causan alergia porque los síntomas y el embotamiento que sienten mientras el cuerpo afronta el reto les alivia temporalmente de una parte de la ansiedad y de otros sentimientos dolorosos que experimentan. Este efecto puede ser explotado por otras personas que los controlan «alimentándolos con la comida que les hace sentir bien». Muchas personas hacen que sus familias dependan y se apeguen a ellas explotando inconscientemente el controlador poder que les otorga el sobrealimentar a alguien.

LAS COMIDAS SOCIALES

Otro factor que altera la relación existente entre lo que comemos y lo que nuestro cuerpo necesita es el extendido uso de la comida en las reuniones sociales. La mayor parte de la diversión gira casi por completo en torno a la comida y a la bebida, y a menudo la comida de las fiestas se compone sobre todo de repostería, pasteles, patatas fritas, galletas y alimentos fritos o asados a la barbacoa, acompañados de grandes cantidades de sodas muy edulcoradas y de alcohol. En esta clase de situaciones podemos ingerir de golpe ¡las calorías necesarias para un día!

Comer en un restaurante es el pasatiempo más común y la comida rápida está siempre disponible en la calle o en el hogar, o incluso pueden traértela a casa a cualquier hora del día o de la noche. Para empeorar más aún las cosas, con frecuencia el inseguro anfitrión o anfitriona al desear complacer a los invitados no cesa de servirles más y más comida utilizándola como una diversión o un medio de aumentar ¡su poca habilidad social! La mayoría de las veces la comida que suele consumirse en las reuniones sociales no tiene nada que ver con nuestras necesidades nutritivas y constituye una gran parte de la influencia que altera nuestra salud y nuestro estilo de vida.

PAUTAS ALIMENTICIAS A LO LARGO DEL DÍA

Además del problema de comer rápidamente mientras estamos preocupados, hay la creciente tendencia a dejar la comida principal para el final del día. El desayuno suele reducirse a una taza de café y el almuerzo, a un rápido bocadillo; la cena se convierte en la comida principal del día. Este hábito desbarata el metabolismo del cuerpo, porque en la parte del día en que necesitamos más energía, ésta ha de producirse de las sustancias almacenadas en el cuerpo como el glucógeno y las grasas. En cambio por la noche, cuando estamos durmiendo, el cuerpo se inunda de una gran cantidad de energía procedente de la comida que acabamos de tomar. El problema al parecer no sólo radica en el doble trabajo de almacenar y liberar la energía procedente de los nutrientes, sino que acabamos almacenando más nutrientes de los que usamos. Esto ocurre porque durante el día, en los momentos en que hay un bajo nivel de azúcar en la sangre, el metabolismo del cuerpo entra en un estado de «ayuno» y libera la menor cantidad posible de nutrientes almacenados. El resultado final es que ganamos peso, ya que cada vez más una mayor cantidad de comida se deposita por la noche en el cuerpo como grasa y una menor cantidad se transforma durante el día en glucosa para disponer de un aporte de energía.

Por eso es tan importante adoptar el hábito mediterráneo de ingerir la comida principal al mediodía y de tomar una cena ligera por la noche; o incluso el hábito tradicional oriental de tomar la comida principal a la hora del desayuno. Lo primordial es bajar nuestro ritmo de vida para que las comidas se conviertan en una parte importante del día.

Hacer dieta y los atracones: la lucha más común

Una de las mayores ironías de nuestros tiempos es que a pesar de que el 60 por ciento de la sociedad padece sobrepeso, la moda sigue difundiendo la imagen de personas delgadas y esbeltas, de carnes firmes y aspecto sano como el ideal que todos hemos de intentar alcanzar. En realidad muchas modelos están tan delgadas que es evidente que su delgadez linda con la anorexia. Este hecho parece señalar la repugnancia que en el fondo nos produce nuestro descontrolado cuerpo y los hábitos alimenticios que hemos adquirido. Los medios de comunicación se aprovechan de este odio que sentimos hacia nosotros mismos y lo explotan animándonos sin cesar a invertir en ropa, en productos de belleza y en productos para adelgazar a fin de alcanzar este estado de «perfección».

Todos los estudios realizados sobre los efectos de ponerse a régimen nos han demostrado que el resultado más corriente es pasar a una etapa de darse atracones que nos hace recuperar rápidamente el peso que antes teníamos o incluso engordar más que cuando empezamos el régimen. Esto puede deberse en parte al problema que acabo de describir en el que al comer menos nuestro cuerpo entra en un «estado de ayuno» y puede volverse sumamente eficiente en gastar al mínimo sus reservas. Y esto significa que en cuanto volvemos a comer más, los nutrientes extras se depositan en el cuerpo como grasa.

La glamorosa actriz cómica Dawn Frech se ha dedicado con empeño a intentar animar a las mujeres que usan tallas grandes a sentirse cómodas y atractivas con su propio cuerpo recalcando continuamente que el 47 por ciento de las mujeres británicas gasta una talla 50-52 ¡o incluso mayor! Por muy encomiable que sea ayudar a las mujeres a sentirse mejor con su propio cuerpo y a romper el insensato ciclo en el que la mayoría de mujeres occidentales han entrado de ponerse a régimen y de darse luego atracones, no se puede ignorar que la obesidad va ligada a todo tipo de dolencias. Una forma sana de recuperar el peso original es combinar unos mejores hábitos alimenticios con el necesario apoyo emocional y el adecuado ejercicio físico.

El medio ambiente

Otra vital razón por la que debemos cambiar nuestra forma de comer es por el efecto que nuestros hábitos alimenticios producen en el medio ambiente. En el pasado, cuando los alimentos se cultivaban en la región con una tecnología de bajo consumo energético y se consumían en las comunidades donde se habían cultivado, el promedio de consumo de energía era de 1 kilojulio por 8 kilojulios de energía alimenticia producida. En la actualidad, en cambio, a causa de la energía utilizada en la producción intensiva —la producción y el funcionamiento de la maquinaria y los abonos, el transporte, el procesamiento, el embalaje y el transporte de los alimentos a las tiendas (posiblemente al otro extremo del mundo), la manipulación de los artículos en los comercios y el transporte de ida y vuelta del público que va a las tiendas a comprar alimentos—, la producción alimentaria ¡consume 50 kilojulios de energía por cada kilojulio de energía alimenticia producida![1] Es una estadística sumamente preocupante que deja claro sin lugar a dudas que hemos tomado un curso destructivo que nos conducirá a agotar los recursos energéticos de los que disponemos.

Sin embargo, el factor distorsionante más importante es el gran cambio experimentado en cuanto al consumo de productos de origen animal, que requiere un gasto energético muy superior al de los productos de origen vegetal. Por ejemplo, para producir medio kilo de carne de buey se necesita una cantidad 10 veces superior de energía que la que se necesitaría para producir una determinada cantidad de cereales con el mismo valor nutricional. Si en vez de seguir una dieta carnívora se adoptara una dieta vegetariana se

1. Profesor David Orr, c/o The Schumacher Society, Bideford, Devon, Reino Unido.

podría alimentar ¡una cantidad 10 veces superior de personas! El mensaje es también evidente para el medio ambiente: hay que cambiar la dieta basada en productos de origen animal y adoptar una dieta a base de verduras biológicas cultivadas en la región. Y el lugar más cercano para ello es por supuesto nuestro propio huerto, lo cual sería la situación ideal: empezar a cultivar las hortalizas que consumimos en casa en un huerto biológico, si disponemos de algún terreno, por más pequeño que sea.

El cáncer, la dieta, el sistema inmunitario y el sistema reparador

La cuestión más importante para las personas con cáncer y para las que desean prevenirlo es: «qué relación hay entre una dieta poco sana y el cáncer y cómo el cambiar de dieta previene el cáncer o inhibe su desarrollo una vez aparece».

Los vínculos específicos entre la dieta y el cáncer están relacionados con el consumo de carne y grasas de origen animal y con una dieta deficitaria en vitaminas, minerales y verduras (que contienen las vitales sustancias químicas vegetales conocidas como *fitoquímicos*). Una dieta vegetariana protege más contra el cáncer porque es rica en fibra y pobre en grasas, o porque comporta un mayor consumo de una gran variedad de fitoquímicos presentes en los vegetales.

- Los vegetarianos son un 40 por ciento menos propensos a morir de cáncer.[1]
- La incidencia de cáncer de mama es un 30 por ciento inferior en las personas que no consumen grasas de origen animal.[2]

1. Véase nota 3 de p. 18.
2. Office of Population Censuses & Surveys.

- La incidencia de cáncer de colon es un 25 por ciento inferior en las personas que no consumen grasas de origen animal.[1]

Entre los factores no específicos se incluyen un bajo nivel de energía y un déficit en el cuerpo de las vitaminas más importantes, minerales y ácidos esenciales debido a la pobre dieta, al mal funcionamiento de los tejidos que produce y a la toxicidad crónica del cuerpo. Este estado se exacerba, por supuesto, con el estrés y la pobre asimilación de los alimentos que el mismo conlleva. Como ya he mencionado, los investigadores que estudian las enfermedades a escala mundial afirman que un 35 por ciento de los cánceres son debidos a la dieta occidental y otro 30 por ciento, al tabaquismo.[2] Lo cual significa que el 65 por ciento de cánceres podrían erradicarse si empezáramos a ser más responsables de nuestra salud.

En general, parece ser que las sustancias presentes en la carne y en las grasas favorecen el cáncer y que la acción de las vitaminas y los minerales nos protege de éste y de otros agentes contaminantes de nuestro entorno. Una dieta rica en fibra nos ayuda al limitar la absorción de factores productores de cáncer. Las enzimas activas presentes en las verduras crudas también nos proporcionan protección y una buena salud. Las vitaminas y los minerales estimulan directamente el sistema inmunitario y se da por supuesto que las vitaminas y los minerales pueden estabilizar e inhibir directamente el crecimiento de células tumorales.

Todos los sistemas reparadores y curativos del cuerpo dependen de una buena nutrición y de una dieta equilibrada y, del mismo modo, desde el sistema que controla el sangrado y la curación de las heridas, hasta el sistema que

1. Office of Population Censuses & Surveys.
2. Véase nota 1 de p. 18.

combate las infecciones, para poder funcionar eficazmente necesitan que haya un correcto equilibrio de vitaminas, minerales, energía adecuada y proteínas almacenadas. En un organismo sobrecargado de toxinas, la función normal de los tejidos se debilita, incluida la del sistema inmunitario y la del sistema reparador.

Otro factor importante es que el cuerpo se ocupa en primer lugar del estrés o de las situaciones de emergencia. El exceso de grasa, sal, azúcar o proteínas en el cuerpo constituye una emergencia fisiológica y en tanto esta situación persista, la función inmunitaria y la función reparadora correrán peligro, ya que los recursos del cuerpo intentan alcanzar la homeóstasis a expensas de la función inmunitaria. Otro factor menor aunque también importante es que cuando alimentamos el cuerpo con una gran cantidad de materiales extremadamente diversos, en especial con tejidos con una estructura parecida a la nuestra, una gran parte de la función del sistema inmunitario se concentra en reconocer esos tejidos extraños y en crear los anticuerpos necesarios para combatirlos. Hay la teoría de que esto podría ser la causa de algunas enfermedades misteriosas de nuestros tiempos, ya que el estímulo antigénico procedente de los tejidos animales puede producir la formación de anticuerpos que combaten nuestros propios tejidos, como en el caso de enfermedades autoinmunitarias como la artritis reumatoidea, los trastornos tiroideos y la diabetes. La excesiva producción de anticuerpos y el hecho de vigilar a «las proteínas invasoras» externas puede distraer a la función inmunológica impidiéndole vigilar adecuadamente «los enemigos del interior» —es decir, la formación de células cancerosas—, o provocar la inflamación de tejidos, lo cual crea el medio ideal para el desarrollo de un cáncer.

Sin embargo, ya he mencionado que el organismo de una persona estresada, asustada y preocupada, está menos pendiente del funcionamiento del sistema inmunitario y del sistema reparador si tiene que responder a una amenaza procedente del entorno, por eso la función inmunológica de la mayor parte de los occidentales está debilitada.

Desde 1983 el gobierno de EE. UU. está dando unas pautas que sugieren que para prevenir el cáncer es fundamental consumir menos grasas y más verduras, frutas y fibra, y reducir el consumo de alcohol, de aditivos alimentarios y de productos ahumados. En Gran Bretaña estas pautas sólo se emitieron a partir de 1998 y de una forma muy discreta debido a la gran presión que ejercieron las industrias alimentarias y agropecuarias, y a la resistencia que opuso la profesión médica.

La base de datos de una investigación científica sobre la dieta y el cáncer compilada por el Bristol Cancer Help Centre[1] a mediados de los años noventa, contiene cerca de 6.000 estudios revisados por especialistas y realizados durante los 14 años previos que señalan claramente la conexión que hay entre la forma en que comemos y nuestra predisposición a contraer cáncer. Los profesionales interesados en este tema pueden consultar esta base de datos para documentarse. Este montón de pruebas no podría haber dejado más claro la relación que hay entre la comida, la forma de comer y el cáncer, y para mí ha respondido sin duda a la pregunta de «¿Por qué hemos de cambiar nuestra forma de comer?». Para reducir el riesgo de padecer cáncer o cualquiera de las otras dolencias de la civilización moderna y el daño que nuestra excesiva dieta provoca en el medio ambiente, todos hemos de replantearnos nuestra forma de comer con la mayor urgencia.

Pasemos ahora al tema de cómo llevarlo a cabo.

1. Bristol Cancer Help Centre y Nutrition Database, 1993.

Capítulo 2

Cómo cambiar nuestra forma de comer

Hay algunas personas que al enterarse de que necesitan cambiar su forma de comer se ponen manos a la obra y lo llevan a cabo de inmediato. He conocido a personas que al enterarse del papel que desempeña la dieta en la prevención del cáncer han recorrido palmo a palmo la cocina con una bolsa de la basura para echar en ella la mitad de los productos que guardaban en la nevera, el congelador y los armarios de la cocina y han adoptado una nueva forma de comer ¡desde aquel mismo día! He de decir que son una pequeña minoría, porque a la mayoría de nosotros nos resulta difícil cambiar nuestra forma de comer por la falta de información que hay sobre qué alimentos debemos comprar y cómo han de prepararse. Hay además los factores del tiempo y el dinero, la inversión emocional que hacemos en nuestra comida y cómo la comemos (por no mencionar el sabotaje, por más bienintencionado que sea, por parte de nuestros familiares y amigos).

Lo más importante es que el cambio sea duradero y que no acabes fracasando en ello ni estresándote, porque sería totalmente contraproducente para tu bienestar en general. Por eso es tan importante que antes de cambiar de dieta estés bien preparado y tengas en cuenta que necesitarás obtener tanto el apoyo como la información, la claridad mental y la decisión necesarios para conocer el método exacto que vas a seguir y unos consejos específicos acerca de tus necesidades personales, en el caso de tener algún problema médico que afecte a tu alimentación, digestión, peso o eliminación.

La preparación

La primera clave para alcanzar cualquier cosa que uno se proponga es ¡contar con el suficiente apoyo para lograrlo! Normalmente la mejor forma de empezar es discutir tus cambios dietéticos con los seres queridos, en especial con las personas que conviven contigo o con las que compartes las comidas. Lo ideal sería que tus amigos y tu familia también cambiaran de dieta, ya que es sin duda importante para todos. Pero si no están dispuestos a hacerlo, al menos convénceles de que no te saboteen los planes ofreciéndote una comida que te costará rechazar o, si eres el que normalmente cocina, esperando que prepares dos tipos de comidas diferentes. Hoy en día al haber en el mercado numerosos productos de origen vegetal que imitan los productos de origen animal (como las hamburguesas vegetarianas o las salchichas, la carne picada o la carne para estofar de soja), resulta mucho más fácil que tu reacia familia se una a tu nueva dieta.

Una vez hayas establecido tu nueva forma de comer, invita a algunos amigos a comer a tu casa y muéstrales la dieta que sigues preparando algunos platos para ellos. ¡Puede que se animen a seguir tus mismos pasos! Llévate también alimentos naturales al trabajo y ponte cómodo y observa cómo a tus compañeros empieza a gustarles la idea.

Si decides asistir a clases de cocina natural hay muchos centros donde las imparten por un módico precio, así aprenderás a cocinar una variedad más amplia de platos compuestos de deliciosos y saludables ingredientes.

Tal vez hayas descubierto en el apartado del capítulo 1 «Comer para sentirse mejor» que el hecho de cambiar tu forma de comer va a hacer que afloren muchos sentimientos difíciles que habías reprimido o que te sientas inseguro. Si esto te ocurre, lo más acertado es recurrir a un psicólogo. Como habías estado reprimiendo tus emociones con la comida, tendrás la oportunidad de elaborarlas y de integrarlas en los cambios positivos que estás haciendo para ti. Los beneficios que obtendrás serán dobles, ya que estarás arreglando al mismo tiempo tu estado físico y tu estado emocional. Es muy importante que te lo tomes en serio, ya que al igual que ocurre en el ciclo de hacer dieta y darse atracones, a no ser que hayas resuelto las emociones reprimidas que hay en tu interior, tus esfuerzos por cambiar caerán en saco roto.

La información

La segunda clave para tener éxito es disponer de toda la información importante. Espero que al acabar de leer esta obra sientas que así es, pero puede que desees visitar a un nutricionista para que te dé más detalles y te conteste todas las preguntas que te han quedado sin responder.

La información que necesitarás es la siguiente:

- Una clara guía dietética que te explique lo que debes y lo que no debes comer.
- Conocer los alimentos que en la actualidad hay en el mercado y dónde has de ir a comprarlos.
- Disponer de un plan dietético introductorio para seguirlo durante las primeras semanas.

- Disponer de la información nutricional necesaria para asegurarte de que tu dieta es equilibrada y sana.
- Tener una buena cantidad de recetas.

Todos estos temas se explican en detalle en el capítulo 3, así como los planes dietéticos.

La tercera clave para tener éxito es fijarte con claridad unas metas, es decir, una vez dispongas de la información sobre una dieta anticáncer, has de decidir hasta qué punto vas a seguirla, durante cuánto tiempo vas a hacerlo y en qué orden. Tal vez desees empezar el proceso con una dieta «de limpieza general» (véase el capítulo 4), o con un ayuno, o tomar durante una temporada sólo zumos de frutas, o si lo prefieres puedes empezar el proceso muy poco a poco, haciendo pequeños cambios cada vez. Todo el proceso se explica en el apartado «La planificación del menú y la lista de la compra» del capítulo 3.

Si ya tienes un cáncer, el cuarto importante paso es hablar con un doctor holístico o con un nutricionista experimentado. Si el cáncer te causa problemas a la hora de comer, tragar la comida, digerirla, absorberla o eliminarla, o si tienes problemas acerca del peso, el doctor o el nutricionista ha de guiarte en los cambios que has de hacer en tu dieta para asegurarse de que te estás alimentando adecuadamente, manteniendo tu peso o aumentándolo y afrontando bien cualquier problema digestivo.

Otro factor muy importante que se debe tener en cuenta es el efecto de la quimioterapia y la radioterapia en los intestinos. La quimioterapia ralentiza la actividad intestinal e irrita las paredes intestinales, por eso durante el tiempo que estés recibiendo este tratamiento deberás comer alimentos suavizantes relativamente pobres en fibra. Cuando la radioterapia se aplica en el intestino, inhibe su función temporalmente y puede que también necesites seguir una dieta pobre en fibra. Por lo general casi todo el mundo al adoptar una dieta más sana dice que al cabo de algunas semanas le resulta más fácil evacuar, ¡incluso los que han sido objeto de una colostomía! Sin embargo, si tienes este problema o algún otro, lo mejor es hablar primero con el médico.

Cómo hacer que el cambio sea más fácil

Lo ideal es considerar tu nueva dieta como un proceso de exploración y de creatividad, como una aventura, en vez de verla ¡como un proceso de morirte de hambre! El mundo de las verduras, las frutas, los cereales y las legumbres es extremadamente rico. Hay miles y miles de deliciosos platos vegetarianos de todo el mundo con los que puedes experimentar. Y no lo olvides, la mayor parte de la población mundial sigue en gran parte una dieta vegetariana y personas como Madhur Jaffrey nos han abierto las puertas al mundo de la cocina vegetariana de Oriente y de Oriente Medio, así como tantos otros autores que nos han descrito platos vegetarianos mexicanos, italianos, españoles, chinos, indonesios y franceses.

Otra cosa que puedo prometerte con absoluta certeza es que una vez empieces a comer de una forma más sana te sentirás mejor. Todas las personas que toman esta decisión afirman invariablemente que se sienten más animadas, vitales y felices y que se despiertan con más facilidad, por no mencionar todos los otros cambios positivos relacionados con la salud, como el de la posibilidad de erradicar alergias como la de la fiebre del heno, el asma y la artritis reumatoidea. La piel se vuelve más clara y normalmente el exceso de grasa que contiene desaparece. Si ya padeces cáncer es mejor someterte a una revisión médica para asegurarte de que todo está yendo como ha de ir y de que no estás perdiendo más peso del debido.

Una forma de evitar sentir que estás en un proceso de pasar hambre es empezar a añadir alimentos a tu dieta antes de sacar otros. La mejor forma de empezar es consumir más frutas, asegurándote de comer al menos dos piezas de fruta diarias. El siguiente paso es asegurarte también de comer verduras dos veces al día o ensalada en las comidas principales, o ambas cosas. Experimenta con distintas formas de cocinar las verduras para que te apetezcan cada vez más y también con distintos tipos de ensaladas, para que constituyan una parte importante de tu dieta.

Lo siguiente que debes hacer es ir cambiando una comida cada vez para seguir la guía dietética. La mayoría de la gente empieza cambiando el desayuno porque es lo que resulta más fácil, y luego el almuerzo y, por último, la cena. Antes de cambiar tu antigua forma de comer, aprende a preparar nuevas recetas, y antes de adoptar por completo la nueva dieta, sé capaz de preparar los suficientes platos vegetarianos como para alimentarte durante una semana. Escribe una lista con los ingredientes que es más probable necesites cada semana. Úsala luego como una lista básica antes de ir a comprar (en el capítulo 3 hay un ejemplo).

Algunas personas descubren que si han elegido unas recetas rápidas y fáciles de preparar para las comidas principales de entre semana, pueden dedicarse el fin de semana a experimentar con nuevas recetas.

Durante este proceso es de esperar que tu habilidad para cuidarte y nutrirte con la nueva alimentación empiece a cambiar sutilmente. El curativo proceso holístico implica ir conociéndote cada vez más a ti y tus necesidades. Aprender a alimentarte de una manera sensible y adecuada se convierte en todo un símbolo de esta relación más afectuosa que estás manteniendo contigo mismo y que te permitirá adentrarte cada vez en más áreas de tu vida. Y esto no sólo tiene que ver con consumir alimentos de mejor calidad y más nutritivos, sino también con los colores y las texturas de los mismos y con el rico y creativo proceso de elegir una receta, ir a comprar los ingredientes, cocinarlos y servirlos.

Comer con plena atención

Como es natural, existe la cuestión de cómo comemos. Como ya he dicho antes, es evidente que la mayoría de nosotros hemos de dedicar más tiempo a comer y a digerir la comida. Te recomiendo encarecidamente que recuperes los antiguos rituales de poner la mesa y presentar los platos de una forma atractiva o que crees tus propios rituales para disfrutar más de la comida. Intenta no levantarte de la mesa en cuanto hayas terminado de comer, sigue la costumbre mediterránea de hacer una sobremesa de una hora relajándote y disfrutando de la compañía de la familia y los amigos. Y en el caso de que vivas solo, tal vez podrías intentar relajarte o leer un libro después de comer en vez de ponerte enseguida a hacer algo.

De ese modo la comida nos alimentará a muchos niveles —en cuanto a nuestra creatividad, sensualidad y espiritualidad— y al igual que la ceremonia del té japonesa, podrá convertirse en una forma de meditar. Descubrirás que cuanta más concentración, atención y afecto pongas al preparar una comida, más buena te sabrá y más profundamente te alimentará y curará.

En una ocasión fui a comer a un restaurante macrobiótico de Rotterdam (Holanda) llamado Zonnemaire. Con cada plato que me servían, me asombraba más la calidad de la comida, pero no se trataba de la calidad a la que se referiría Egon Ronay, sino de la atención y el amor con que se había preparado cada plato. Por supuesto estaban presentados exquisitamente y la comida culminó con una macedonia que imitaba un jardín en miniatura con ramitas de grosellas rojas colocadas como si fueran arbolitos rodeados de flores y frutas bellamente talladas. Al terminar la comida supe que la había preparado un chef muy, muy especial. Pedí visitar la cocina y descubrí que el chef era un monje zen cuya práctica de meditación consistía por entero en cultivar, preparar y servir la comida. No permitía que se charlara en la cocina y el personal (que le adoraba) trabajaba con una actitud dulce, concentrada, afectuosa y sumamente creativa. A medida que introducía cada plato en el ascensor para llevarlo al restaurante, bendecía personalmente la comida, y era sin duda su amor, sus bendiciones y la atención con que efectuaba todo el proceso, lo que uno sentía cada vez que se llevaba la comida a la boca.

También oímos el consejo macrobiótico de que hay que masticar cada bocado 50 veces concentrándose plenamente en el sabor y en la textura de la comida, hábito que hace que la comida sea sumamente digerible. Aunque este grado de atención quizá no sea compatible con la vida cotidiana, hemos de intentar preparar y tomar la comida con la mayor atención posible, ya que esto nos ayudará a mantener una relación mucho más sana con nosotros mismos, con la comida y con el proceso que sigue nuestra vida.

Capítulo 3

Qué es lo que debemos cambiar en nuestra forma de comer

La dieta ideal para estar saludables y prevenir el cáncer se compone de alimentos integrales, biológicos y veganos, complementados de vez en cuando con pescado de alta mar, y pollo y huevos procedentes de granjas biológicas. El cambio nutricional que hemos de intentar hacer es comer más verduras, frutas, cereales y legumbres (y, por tanto, fibra) y consumir menos proteínas, grasas, sal, azúcares, aditivos químicos y estimulantes. Así nuestra dieta será más depurativa, ligera y menos problemática, y nos aportará unos niveles óptimos de nutrientes y de energía de una forma que el cuerpo pueda asimilarlos fácilmente.

Los resultados de adoptar esta dieta será que notaremos enseguida que tenemos más energía, una mayor claridad mental, una piel más sana, que evacuamos con más facilidad y la reducción de síntomas como son las náuseas, el ardor de estómago, el estreñimiento y las hemorroides. Adoptar esta nueva dieta también puede ser beneficioso para las personas con problemas médicos como la artritis, el asma, el eccema y la diabetes; a veces estas dolencias desaparecen por completo.

Otro importante beneficio de seguir una dieta sana es que las personas que están recibiendo un tratamiento médico contra el cáncer pueden tolerarlo con mucha más facilidad. El cuerpo afronta con mayor eficacia la toxicidad que producen la quimioterapia y la radioterapia porque con la nueva dieta se reducen en gran parte las toxinas acumuladas en el cuerpo. Los pacientes que han recibido este tratamiento siguiendo primero una dieta normal y después una dieta sana, han afirmado que las náuseas y el estado de debilidad que sufrían después del tratamiento habían disminuido muchísimo. Lo ideal sería, por tanto, cambiar de dieta antes de seguir un tratamiento contra el cáncer. Y aplicar todo esto en nuestra forma de comer se traduce en lo siguiente:

Alimentos recomendados

1. Alimentos integrales: todos los productos han de ser integrales, sin que se les haya añadido ni quitado nada, como el pan integral, el arroz integral y la harina integral y sus derivados.
2. Consumir en cada comida frutas y verduras frescas (no consumir las que han sido enlatadas ni congeladas), sobre todo verduras de hojas verdes, como la col, el bróculi y los germinados. Intenta consumir como mínimo cinco raciones de frutas y verduras al día.
3. Consumir verduras, frutas, cereales, frutos secos y semillas crudas. Intenta comer estos productos a diario en forma de ensaladas, macedonia, muesli o zumos de frutas recién hechos, por ejemplo puedes preparar un zumo compuesto de zanahoria, manzana y remolacha.
4. Consume alimentos de cultivo biológico, ya que se pueden conseguir y no son caros.

5. Consume alimentos ricos en fibra, como judías, garbanzos, lentejas, verduras y cereales.
6. Aliña y cocina los platos con aceite virgen prensado en frío.
7. Consume una dieta variada: evita depender demasiado
de algún alimento.

Alimentos para aumentar la ingesta de proteínas en caso de ser necesario

1. Pescado y pollo (y carne de caza), es preferible consumir
pescado de alta mar, ya que ha crecido de una forma natural, y pollo de granja biológica.
2. Huevos biológicos, como máximo dos a la semana.

Alimentos que conviene evitar al máximo (en especial si proceden de la cría intensiva)

1. Carne: buey, cerdo, oveja, ternera, beicon, riñones, hígado, salamis y patés de origen animal.
2. Productos lácteos: queso, mantequilla, crema, yogur y
leche (en vez de ello consume productos a base de soja).

Evita los excesos de:

3. Azúcar.
4. Sal.
5. Grasas, en especial grasas de origen animal como la
mantequilla y la grasa de la carne.
6. Proteínas, es adecuado ingerir 55 gr al día, a no ser que
experimentes una repentina pérdida de peso.
7. Conservantes y aditivos, productos ahumados o conservados en vinagre, en especial la comida a la brasa.

8. La cafeína: el té, el café, el chocolate, la cola, el alcohol, la nicotina y los fármacos sin receta.
9. La comida almacenada durante largo tiempo, irradiada, desecada, procesada, cocinada en el microondas o recalentada repetidamente.

Preguntas más comunes

Hay algunas preguntas que suelen plantearse con relación a estas pautas nutricionales. He incluido las más comunes.

¿COMER SALVADO ES UNA BUENA FORMA DE CONSUMIR MÁS FIBRA?

La respuesta es un tajante No. El salvado se compone casi tan sólo de fibra y es sumamente irritante para los intestinos. Ya sé que es lo contrario de lo que se suele decir, pero algunos estudios han demostrado que el salvado es tan irritante que ¡incluso puede llegar a ser cancerígeno! Basta con consumir más fibra comiendo de forma natural alimentos integrales como los cereales, el muesli, las gachas de avena, las verduras, las legumbres, la harina integral y el arroz integral.

¿QUÉ TIPO DE GRASAS SON SANAS PARA EL CUERPO? ¿ES MEJOR LA MARGARINA QUE LA MANTEQUILLA?

El cuerpo necesita consumir grasas en la dieta, en realidad hay unas sustancias llamadas *ácidos grasos esenciales* (véase el glosario) que son tan necesarias para la salud como las vitaminas. Las fuentes más conocidas de esos ácidos grasos esenciales son el aceite de pescado, el aceite de onagra y el aceite de lino, pero en realidad se encuentran en muchas semillas y frutos secos. Las grasas que hay que evitar son las grasas saturadas de los productos de origen animal, concentradas sobre todo en la mantequilla, el queso, la crema, la leche, el yogur y, por supuesto, en la grasa de la carne (a no ser que adquieras esos productos en su forma desnatada y que seas muy cuidadoso al eliminar la grasa de la carne que comes). Aun así, estos productos son muy ricos en proteínas y su consumo diario hace que acabemos ingiriendo un exceso de proteínas. Las grasas de origen animal se han relacionado especialmente con el cáncer y los problemas cardíacos. Por eso se recomienda sustituirlas por las grasas insaturadas como las de los aceites de origen vegetal, en particular el aceite prensado en frío usado para cocinar, pero incluso en ese caso se ha de consumir con moderación a fin de evitar un excesivo aumento de peso.

El problema con la mantequilla y la margarina es que muchas margarinas industriales han sido sumamente procesadas y contienen ácidos grasos *hidrogenados* y trans que son dañinos para el cuerpo. Estos ácidos se forman con el tratamiento y las temperaturas excesivamente altas a las que son sometidas las grasas en el proceso de producción. A causa de este problema mucha gente decide sustituirla por la mantequilla. Pero hay algunas margarinas que no contienen ácidos grasos hidrogenados. Esta elección será la mejor, ya que este tipo de margarinas son una buena fuente de ácidos grasos insaturados.

Los ácidos grasos esenciales no sólo son vitales para la salud, sino que además se ha descubierto que desempeñan un determinado papel en la prevención y el tratamiento del cáncer. Hay dos familias de ácidos grasos esenciales: los ácidos grasos omega 6 y omega 3. El omega 6 se encuentra en alta concentración en el aceite de onagra, y el omega 3, en el aceite de lino, en el aceite de pescado y en la carne de caza. El omega 3 es el que tiene un efecto más protector, por eso a las personas con cáncer se les aconseja añadir una cucharadita de aceite de lino prensado en frío y de cultivo biológico a la comida tres veces al día por su efecto protector (no es el tipo de aceite de lino que se usa para los bates de críquet, ¡porque éste contiene petróleo!).

Hubo una época en que se aconsejaba tomar aceite de lino junto con proteínas que contuvieran azufre como las del requesón. Pero estudios posteriores han demostrado que también se absorbe eficazmente con otros alimentos y que puede añadirse a las sopas, a los aliños o al arroz. Otra forma de tomar aceite de lino es moler las semillas con un molinillo de café limpio: 2 cucharaditas de semillas equivalen a una cucharadita de aceite; se ha de espolvorear la comida tres veces al día con esta cantidad.

¿Cuándo necesito complementar la dieta con carne, pescado o huevos y qué tipo de carne, pescado o huevos he de adquirir?

Contrariamente a lo que comúnmente se cree (lo cual se debe a una especie de lavado de cerebro por la combinación de lo que nuestra madre nos dijo y la leche y la carne que se aconseja consumir en las tablas alimentarias de los productos), es absolutamente posible vivir con una dieta vegana ¡sin irse consumiendo o sin caer enfermo! Recuerda, animales de gran tamaño como los elefantes, las vacas, las ballenas y los monos sobreviven a base de una dieta totalmente vegetal, lo cual puede animarte a confiar más ¡en el método vegano!

Sin embargo, si tienes un cáncer es posible que tu tratamiento requiera la ingestión de una determinada cantidad de proteínas, quizá por una excesiva pérdida de peso o de tejidos causada por la cirugía o la quimioterapia, o porque el cáncer sea del tipo que produce una gran cantidad de proteínas que contienen líquidos que han de extraerse, con la consiguiente pérdida de proteínas que conlleva. En esos casos es muy importante ingerir una mayor cantidad de proteínas comiendo pollo, pescado y huevos. Siempre es conveniente hablar de este tema con un médico holístico o con un nutricionista.

Si tu estilo de vida comporta una intensa actividad física, lo más probable es que el cuerpo te pida una mayor ingesta de proteínas para aumentar el tejido muscular, como ocurre con los atletas, los gimnastas y los que realizan un duro trabajo físico. Pero aun así, hay que tener en cuenta que los corredores de fondo olímpicos siguen en la actualidad una dieta pobre en proteínas y rica en hidratos de carbono después de haber presenciado el éxito de los corredores chinos que seguían este tipo de dieta (¡sólo comían pescado dos veces a la semana!). Te sugiero de nuevo que pidas consejo a un profesional para encontrar el correcto equilibrio en tu situación.

Al comprar carne, pescado o huevos, intenta que procedan de granjas biológicas. Como ya he mencionado en el capítulo 1, los animales ingieren sustancias químicas y productos usados para estimular el crecimiento y los concentran en los tejidos, y todos los animales criados con las técnicas de las granjas de cría intensiva tienden a contener elementos químicos tóxicos de una u otra clase. Cuando vayas a comprar, ten claro la diferencia que hay entre «de granja» y «biológico». Aunque los huevos y la carne de granjas no industriales procedan de animales que han estado en un estado de semi-libertad, puede que también hayan sido alimentados ¡con pienso que contenía productos químicos! Al comprar pescado, elige el pescado de alta mar en vez del pescado de piscifactoría o procesado, ya que es posible que el pescado de piscifactoría haya sido alimentado con pienso que contenía productos químicos y haya sido procesado con colorantes y aromatizantes. Por ejemplo, la mayor parte del salmón y del abadejo ahumado que hay en el mercado se ha coloreado y aromatizado artificialmente. La mejor clase de pescado es el de alta mar y el marisco que no procede de piscifactorías. Entre el pescado de alta mar se encuentra el lenguado, la platija, el bacalao, el abadejo, el salmonete, la lubina, el rodaballo, el gallo y la merluza, y todos ellos constituyen una excelente fuente proteica de gran calidad, se digieren fácilmente y sus proteínas no son tóxicas. Al comprar marisco asegúrate de que haya crecido en aguas limpias y sin contaminar, lejos de las salidas de aguas residuales, ya que por naturaleza a estos animales marinos ¡les encanta hurgar en la basura para buscar comida!

Otra idea es comprar carne de caza, pero de nuevo hay que tener cuidado, porque una gran parte de los animales han sido criados por guardas para cazarlos más tarde y puede que también hayan sido alimentados con pienso que contiene productos químicos. Si es posible, averigua si realmente es un animal silvestre que no ha sido alimentado con las técnicas de cría industrial.

Para disponer de huevos que sean realmente biológicos lo mejor es, si es posible, tener nuestro propio gallinero adquiriendo tres o cuatro gallinas, la buena cantidad de huevos que nos proporcionarán será suficiente para cubrir las necesidades de una familia normal.

Si decido hacerme vegano, ¿necesito tomar suplementos de vitamina B_{12}?

Una de las principales preocupaciones es saber si los veganos obtienen suficiente vitamina B_{12} como para estar sanos, ya que el déficit de esta vitamina puede causar anemia. La respuesta es que te asegures de tomar una dieta equilibrada y, en especial, de consumir una buena combinación de legumbres, cereales, semillas y frutos secos a diario, y una gran variedad de verduras (tanto tubérculos, como verduras de hojas y ensaladas). Si este tema te preocupa mucho, puedes complementar tu dieta de vez en cuando comiendo pescado o tomando comprimidos de vitamina B_{12}.

¿Perderé peso con esta dieta?

Lo más probable es que al adoptar una dieta sana pierdas el exceso de peso, algo de lo que la mayoría de personas se alegrarán. Esta pérdida de peso tiene lugar al consumir menos grasas, proteínas, azúcares e hidratos de carbono refinados.

El problema surge, sin embargo, si en la dieta se consume una cantidad excesiva de verduras, ensaladas y zumos de frutas y una cantidad insuficiente de hidratos de carbono como el pan, la pasta, las galletas y los pasteles, el arroz, los cereales y las legumbres. Al principio al adoptar una dieta sana es posible que uno coma exactamente lo mismo que comería alguien al ponerse a régimen, porque mucha gente ha leído acerca de dietas anticáncer compuestas principalmente de verduras crudas y ha perdido sin darse cuenta el equilibrio en su dieta. La solución es sencilla. Asegúrate de que sea equilibrada (este tema se tratará en detalle en el apartado «La planificación del menú y la lista de la compra» que aparece en este capítulo). La regla general más importante es que si notas que estás perdiendo demasiado peso, ingieras más hidratos de carbono comiendo más pasta, arroz, patatas, galletas y pasteles integrales, y que ingieras más grasas incluyendo en la dieta aliños elaborados con aceite.

¿Si elimino la sal de mi dieta, tendré algún problema porque la sal es esencial para la vida?

Casi cada alimento que consumimos contiene sal y sin añadir un solo grano de sal a ningún alimento que cocinemos o
comamos ya estaremos obteniendo la suficiente sal que
nuestro organismo necesita. El generalizado uso de la sal
en nuestra cocina sirve sólo para realzar el sabor de la comida y es un hábito que puede convertirse en una adicción
y que nos impulsa a echar cada vez más sal a la comida. Al
igual que ocurre cuando dejamos de ponernos azúcar en el
té o en el café, es asombroso ver lo rápido que el cuerpo se
adapta a ello y cómo enseguida el sabor de un plato condimentado con una generosa cantidad de sal constituye un
verdadero shock para nuestro organismo.

Un beneficio evidente de reducir el consumo de sal es
una mejora en la sintomatología de las personas que pade-
cen del síndrome premenstrual y retención de líquidos. Al
parecer la excesiva retención de líquidos que se experimenta de manera natural hacia el final del ciclo menstrual
se exacerba con la presencia de una gran cantidad de sal en
el cuerpo, y esto puede hacer que las personas sensibles se
vuelvan irritables, se depriman o manifiesten todos los
otros síntomas de este síndrome.

Algunas personas intentan sustituir la sal usando cloruro de potasio (KCl) en lugar de cloruro sódico. Aunque
esta sustancia sea menos perjudicial que el excesivo consumo de sodio, altera sin embargo el equilibrio electrolítico
del cuerpo. Si es posible, es mucho mejor acostumbrarse al
sabor natural de la comida.

¿He de renunciar a la miel y el azúcar?

Como ya he explicado en el capítulo 1, es importante dejar
de comer los productos que contienen grandes cantidades

de azúcar blanco refinado por el estrés que causa a nuestro organismo, la obesidad que nos crea y la sensación de saciedad que nos produce sin aportarnos beneficios nutritivos. Los elevados niveles de azúcar en el cuerpo nos predisponen además a las infecciones y se presupone que crean las condiciones en las que las células del cáncer pueden desarrollarse.

Dicho esto, la glucosa (una forma sencilla del azúcar) es el punto final para todos nuestros senderos metabólicos y la fuente de toda nuestra energía. Al igual que ocurre con la sal, todos los alimentos que consumimos contienen azúcares. Incrementar el consumo de azúcar natural con moderación consumiendo juiciosamente pequeñas cantidades de miel no nos hará daño alguno. La miel (a diferencia del azúcar refinado) contiene además otros nutrientes como vitaminas y minerales sumamente beneficiosos para la salud. En general, si es necesario endulzar algún alimento, es una buena idea usar la miel con moderación.

¿Y QUÉ OCURRE SI NO PUEDO ENCONTRAR VERDURAS O FRUTAS DE CULTIVO BIOLÓGICO O NO PUEDO PERMITIRME EL LUJO DE ADQUIRIRLAS?

Intenta que las frutas y verduras que compres sean lo más frescas posibles, que se hayan cultivado en la región y que sean de temporada. Lávalas a fondo y pélalas si sabes que han sido fumigadas. Adquirir un producto local te asegura al menos que el producto se ha dejado madurar en la tierra o en el árbol, en vez de madurarlos con gases al cargar los productos en el barco para transportarlos. También significa que no los habrán rociado con más sprays para que se conserven durante el transporte o que no los habrán mantenido en cámaras frigoríficas durante largas temporadas sufriendo los desvitalizadores efectos en sus enzimas que este sistema comporta. Si es posible, intenta cultivar todas las verduras que puedas en tu hogar. Aunque sólo puedas permitirte cultivar varias hileras de remolachas, nabos, lechugas o espinacas, ya estarás mejorando significativamente la calidad y el sabor de la comida que consumes y, además, te producirá una inmensa satisfacción.

¿HE DE DEJAR DE TOMAR BEBIDAS ALCOHÓLICAS?

Lo ideal sería dejar de tomarlas o al menos beber sólo en ocasiones especiales. El alcohol es muy tóxico para los sistemas de nuestro organismo y se considera el causante del 5 por ciento de los diferentes tipos de cáncer en Occidente. En algunos países este porcentaje se eleva a un 12 por ciento. El alcohol irrita de una forma directa los tejidos de la boca, la garganta, el esófago y el estómago. Estresa todo nuestro organismo, sobre todo a causa del metabolito intermediario, el aldehído acético, la sustancia que hace que nos sintamos mal y cansados después de haber bebido demasiado. Pero también contiene otros elementos tóxicos (sobre todo el vino tinto) que pueden producirnos molestas cefaleas y resacas.

En los últimos diez años se han elaborado informes que afirman que un vaso de vino al día ayuda a prevenir las enfermedades arteriales y alarga la vida, pero la evidencia en este caso tiene que ver con una combinación del relajante efecto del alcohol (que puede alcanzarse de mejores formas aprendiendo directamente a relajarse) y el efecto de los antioxidantes de las uvas. ¡Pero estas sustancias se encuentran en todas las frutas, verduras y zumos de frutas y además no producen resaca! Los bebedores que se consuelan con este mensaje han de tomarse más en serio el hecho de que beber con regularidad puede producir un cáncer y replantearse este hábito. La idea central de cambiar de dieta para preve-

nir y tratar el cáncer es eliminar el estrés al que está someti-
do el cuerpo, ya que el hábito de beber más de uno o dos vasos de vino o de cerveza al día hace que el organismo empiece a consumir las reservas del cuerpo; además las bebidas
fuertes irritan los tejidos de una forma directa.

Por desgracia, para mucha gente el alcohol está tan inte-
grado en su estilo de vida que dejar de beber constituiría
una terrible privación. Una buena regla general es no beber
nunca lo suficiente como para tener resaca, porque la presencia de la resaca significa un estado tóxico. Para mucha
gente esto significa que un vaso o dos de vino o una jarra de
cerveza es todo lo que pueden tomar. La otra regla de oro
es cambiar una mayor cantidad de alcohol de baja calidad
por una menor cantidad de buena calidad, lo ideal sería que
fuera de cultivo biológico.

¿HE DE DEJAR DE TOMAR ESTIMULANTES COMO LA CAFEÍNA, EL TABACO Y LAS «DROGAS RECREATIVAS»?

Casi todos los estimulantes que ingerimos pondrán al cuerpo
en un mayor estado de excitación. En esos excitados estados quemaremos más energía, energía que tal vez necesite-
mos para poder curarnos. Como ya he explicado, el estado
de excitación hace que el organismo deje de centrarse en la
regulación de las funciones metabólicas para entrar en un
estado de actividad mental y física, y esto significa que la
labor de mantenimiento de curar y reparar los tejidos corre
peligro. Normalmente usamos los estimulantes para huir
de nuestros propios sentimientos. Sin embargo, cualquier
cosa que nos haga mover más deprisa y evitar sentir los signos normales de cansancio, hambre, tristeza o depresión,
indica que no estamos escuchando los mensajes de nuestro
cuerpo y nuestra alma, y entonces corremos el peligro de
perder la integración y la salud de nuestro organismo como

un todo. Es mejor, muchísimo mejor, prestar atención a esos mensajes, sentir y expresar nuestras emociones, y experimentar nuestro propio «subidón» a través de los placeres naturales del amor, la comunicación, la expresión personal, la creatividad y la sexualidad.

Pero al igual que ocurre con los hábitos alimenticios poco sanos, el uso habitual de estimulantes de cualquier tipo quizá oculte un problema emocional latente y los intentos de dejar este tipo de sustancias requiere disponer de unos sistemas de apoyo adecuados y de asistencia psicológica durante el período de transición.

A quienes les fascine la sensación producida por los estimulantes de una u otra clase les gustará saber que los estados alcanzados con los estimulantes también pueden adquirirse por medio de la práctica del yoga, de ejercicios respiratorios y de la meditación. Si el cuerpo no tuviera los receptores que reaccionan con los estimulantes exteriores, entonces éstos no nos afectarían. Los receptores están ahí porque el cuerpo fabrica unas sustancias parecidas que pueden darnos esas experiencias de una forma natural; un ejemplo de ello es el descubrimiento de la morfina llamada «endorfina» que se forma en el cerebro de manera natural y que reacciona con nuestros receptores de la morfina para aliviar el dolor y darnos placer.

A través de la meditación, el yoga y el pranayama (los ejercicios respiratorios yóguicos) se pueden alcanzar estados alterados de conciencia, pero cuando se logran de forma natural, van acompañados de una enorme sensación de bienestar, claridad interior y amor hacia uno mismo, justo lo opuesto al caos, al peligro, a la ilegalidad y a la posibilidad de una sobredosis que comporta el uso de las drogas y los estimulantes. Parte del peligro viene de que las drogas producen rápidamente unos cambios de estado de ánimo-pensamientos en un cuerpo y una mente que quizá no están en absoluto preparados para ellos y en unas situaciones sociales en las que pueden ser totalmente inapropiados. En cambio, el cuerpo secreta sus propios estimulantes como una respuesta adecuada a la situación o a la determinada cantidad de disciplinado trabajo interior y de exploración que uno haya realizado.

¿POR QUÉ DEBO EVITAR LOS ADITIVOS ALIMENTARIOS?

Muchos aditivos alimentarios no causan ningún problema, pero se ha descubierto que otros, en cambio, son bastante tóxicos y se han relacionado con el cáncer, los trastornos de conducta y las alergias. Otro problema es que muchos de ellos hacen que los alimentos se vuelvan inertes y tarden más en descomponerse, y esto pone en peligro la vitalidad y el beneficio nutritivo de los mismos. En general es mejor evitar, si es posible, los aditivos, sobre todo sustancias como el salitre (nitrato de potasio) que se utiliza para curar los salamis y la carne, ya que se ha descubierto que es cancerígeno. En Japón, hay evidencias que indican que el consumo excesivo de encurtidos está relacionado con el cáncer de esófago y de estómago. En este caso se constata, al igual que ocurre con el tabaco que irrita los pulmones, que los alimentos conservados en vinagre o muy condimentados pueden irritar directamente las membranas mucosas que tapizan el esófago y el estómago, y causar el desarrollo de un cáncer.

Otro problema viene de ahumar los alimentos o de asarlos a la brasa, sobre todo en cuanto al pescado y la carne ahumada y a las hamburguesas, las salchichas y la carne asada a la parrilla. Se ha descubierto que los hidrocarburos liberados por el humo alteran la estructura de la grasa y las proteínas de los alimentos creando radicales libres cancerígenos que pueden iniciar la formación de tumores en el cuerpo. Un estudio sobre el tema sugiere que si comemos alimentos asados a la parrilla debemos tomar antes y después de la comida vitamina C, betacaroteno o vitamina E para desactivar ¡los radicales libres que hemos ingerido![1] El tema de protegerse con vitaminas y minerales se tratará en el capítulo 4.

¿HASTA QUÉ PUNTO ES IMPORTANTE LA CALIDAD DEL AGUA QUE BEBO Y CUÁNTA HE DE TOMAR AL DÍA?

El agua natural, limpia y fresca es uno de los elementos más esenciales de una dieta sana. El cuerpo se compone de más de un 80 por ciento de agua y es a través del paso de ésta por los sistemas del organismo que se lleva a cabo el proceso equilibrador, purificador y excretor. El agua de manantial contiene minerales esenciales para la vida; también está bien oxigenada, tiene buen sabor y al beberla da la sensación de estar viva. En cambio, la mayor parte del agua corriente sabe a productos químicos y puede despedir un desagradable tufillo a «usada». Y lo que es peor aún, puede contener derivados de las industrias petroquímicas, agropecuarias y plásticas. Los filtros de agua que tengas en casa limpiarán en parte el agua corriente, pero en general no eliminarán el cloro o las sustancias contaminantes orgánicas de la misma. Es realmente un tema polémico, ya que dependemos por completo del agua, pero ésta, al igual que la grasa, es un disolvente natural y recoge fácilmente las sustancias químicas solubles.

La mejor solución es encontrar un manantial cerca de casa para ir a proveernos en él de agua con regularidad (después de haber pedido a la entidad encargada de la salud pública de la región donde resides que compruebe si es

1. Office of Population Censuses & Surveys.

QUÉ ES LO QUE DEBEMOS CAMBIAR EN NUESTRA FORMA DE COMER 67

potable). La segunda mejor opción es comprar agua de manantial auténtica; es una buena idea leer los artículos publicados en alguna revista ecológica o de alimentación natural para averiguar qué marca es la que vende agua de mejor calidad y la distribuye a la mayoría de tiendas.

La calidad del agua que consumimos tiene una enorme importancia y es posible que se descubra que constituye un factor fundamental en el aumento del índice de cáncer, en especial en el de los cánceres hormonales. En algunos embalses los peces macho se han vuelto estériles por la presencia de subproductos de las industrias plásticas que imitan a los estrógenos. Si deseamos proteger nuestra salud y la de nuestros hijos de una forma duradera, en nuestras manos está presionar de manera intensiva para que se limpie el medio ambiente y las fuentes de abastecimiento de agua.

Una vez hayamos encontrado una fuente de agua natural, hemos de beber 2 litros de agua al día. Una buena idea es recuperar el hábito de beberla tal cual, en vez de mezclarla con refrescos, té o café. Al hacerlo estaremos dando un nuevo paso en el proceso de depurar el cuerpo. Otra buena idea es intentar beber agua caliente, en especial por la mañana, porque ayuda a las funciones excretoras y es tan reconfortante como beber la primera taza de té del día una vez uno se acostumbra a ello.

¿QUÉ CANTIDAD DE ALIMENTOS CRUDOS HE DE INCLUIR EN MI DIETA?

Muchas de las exitosas dietas anticáncer giran en torno al consumo de una gran cantidad de frutas y verduras crudas y de verduras y zumos de frutas. Para seguir unas pautas alimenticias sanas para prevenir el cáncer, lo ideal es comer a diario verduras crudas en forma de ensalada en dos de las comidas y frutas crudas dos o tres veces. Si es posible, también ha de complementarse tomando cada día zumos de verduras o de frutas hechos en casa. El uso de los zumos de verduras o de frutas elaborados en la licuadora, y el papel que desempeñan en la dieta «de limpieza general» y depurativa o en los ayunos se tratará en el capítulo 4. Los zumos de frutas de las tiendas normalmente están pasteurizados, y este proceso destruye las vitales enzimas, los zumos recién elaborados y tomados en casa son infinitamente mejores para ti.

¿CUÁLES SON LAS BEBIDAS MÁS SALUDABLES QUE FORMAN PARTE DE UN SANO ENFOQUE NUTRITIVO?

Las bebidas que sobre todo debes evitar son las que contienen altos niveles de azúcar, colorantes y aditivos. La mayor parte de sodas o gaseosas entran en esta categoría. Puedes reemplazarlas por zumos de frutas y de verduras naturales (es mejor hacerlos en casa) o con la cada vez más maravillosa selección de nuevos zumos de frutas naturales con gas que están apareciendo en el mercado. Si tienes alguna duda, consulta la lista de ingredientes que figura en el dorso de la botella, no adquieras ningún zumo que contenga azúcares, colorantes o aromatizantes. Intenta sustituir poco a poco el té y el café por infusiones y sucedáneos del café. Si no puedes dejar de tomar esas bebidas, ve alternándolas con las variedades descafeinadas.

Pautas culinarias

MÉTODOS DE COCCIÓN

Como ya he mencionado antes, se ha descubierto que algunos métodos de cocción crean sustancias cancerígenas en nuestra comida. Los peores culpables son los alimentos ahumados o cocinados a la parrilla (en especial la carne y la grasa de la carne), y el excesivo calentamiento de la grasa en los procesos de freír en abundante aceite y, en especial, el repetido uso del mismo aceite para cocinar; estos métodos producen peligrosos radicales libres que pueden llegar a desencadenar un cáncer. Lo más aconsejable es no comer carne a la brasa e intentar consumir el mínimo de alimentos fritos. Cuando los frías usa siempre aceite nuevo y no lo calientes hasta que llegue a humear. Muchos alimentos pueden «freírse» con un poco de agua y añadir aceite frío al final para mejorar su sabor y textura. Esta técnica la describe Kenneth Lo en muchas de sus recetas elaboradas con wok y aceite de sésamo.

Los mejores métodos de cocción que se han de dominar son cocinar los alimentos al vapor, saltearlos, asarlos o hornearlos. El método de cocinarlos al vapor y de saltearlos significa que los alimentos se cocinan sólo un poco y con rapidez, con lo que retienen gran parte de su textura y de sus nutrientes naturales. Hornear, asar o guisar son métodos más suaves de cocinar que permiten que los sabores se vayan fusionando unos con otros en la cocina o en el horno. La otra técnica que hay que dominar es la de preparar una gran variedad de ensaladas incorporando muchas distintas hortalizas, legumbres, cereales, frutas, frutos secos y semillas.

En general, intenta cocinar las frutas y las verduras durante el menor tiempo posible para que estén tiernas y retengan al mismo tiempo sus jugos y nutrientes. Los sabores pueden mejorarse de infinitas formas: con hierbas, especias, vinagre, salsa de soja y miso (una pasta negra hecha de soja).

El horno de microondas

La seguridad de los alimentos cocinados con microondas plantea un verdadero dilema. Nos garantizan que este aparato es absolutamente seguro, pero al cocinar la comida con la elevada energía emitida por las microondas, se crea en el acto una rápida oscilación de las moléculas de los alimentos y, por tanto, unas temperaturas muy altas. Habrás notado que si intentas comer algo que acabas de sacar del microondas está increíblemente caliente, pero es un calor muy distinto al del horno convencional. Se supone que la comida cocinada con microondas se ha de dejar reposar un poco antes de consumirla para que la elevada energía a la que ha sido expuesta se disipe, pero pocas veces lo hacemos y esto significa que parte de la elevada energía que contiene se dispersa en las células que tapizan el esófago y el estómago, algo que puede tener unos peligrosos efectos irritantes.

También hay la cuestión de qué les sucede a las vitaminas y enzimas de los alimentos cocinados con microondas. Sabemos que se destruyen con las altas temperaturas de la freidura y de la olla a presión y este dato no augura nada bueno para los alimentos calentados con tanta intensidad y rapidez. También hay que plantearse la difícil cuestión de qué efecto tiene esa ráfaga de elevada energía en la energía sutil o fuerza vital de los alimentos. En general, parece más seguro seguir empleando los métodos tradicionales de cocción o usar el microondas lo menos posible. O al menos procura seguir al pie de la letra las instrucciones del fabricante en cuanto a dejar reposar la comida «el tiempo aconsejado» antes de consumirla.

Utensilios de cocina

Puede resultarte muy útil invertir en un buen robot de cocina que incluya varios accesorios, como una cuchilla de corte y un disco para rallar, así podrás preparar en un santiamén una ensalada de col o una ensalada con distintas verduras crudas. El robot de cocina también te ayudará a picar y mezclar los frutos secos y otros ingredientes para preparar asados de frutos secos al horno y patés vegetales.

Adquirir una licuadora (lo ideal sería adquirir un expri-midor de jugos manual) es también muy práctico no sólo para preparar zumos de frutas y de verduras, sino además para usar los zumos como base para elaborar deliciosas sal-sas que puedes espesar con harina de maíz o de arrurruz y servirlas con las comidas principales. Los zumos son tam-bién una base excelente y rápida para elaborar sopas en un momento. Las verduras trituradas o exprimidas también pueden usarse para sustituir el aceite en una vinagreta.

Otra buena idea es adquirir un pequeño colador de flor para verduras que te quepa en cualquier olla. Es como una flor con los «pétalos abiertos». Se apoya sobre tres patitas que lo elevan a unos 2,5 cm del fondo de la olla y está hecho de un metal lleno de orificios. Los «pétalos» pueden abrirse a diversos grados, depende del tamaño de la olla. El sabor de las verduras cocinadas al vapor con este sistema es una completa revelación para los que crecimos alimentándonos con verduras hervidas y por supuesto las vitaminas y los minerales no se diluyen en el agua como ocurre al hervirlas. Si deseas cocinar mayores cantidades de comida puedes adquirir otros tipos de utensilios que permiten cocinar al vapor. Los supermercados chinos son un buen lugar para encontrarlos porque los chinos cocinan al vapor la mayor parte de la comida.

Otro artículo que puedes adquirir en un supermercado chino o en una tienda de utensilios de cocina es un buen wok. Un wok es básicamente una sartén, pero su suave base redondeada hace que sea ideal para saltear las verdu-ras, ya que te permite remover el contenido de la sartén constantemente y con suavidad para asegurarte de que to-das las verduras se cuezan por igual. También hay woks eléctricos, pero no son tan versátiles, ya que no resulta tan fácil remover las verduras en ellos.

También es importante comprobar que tengas al menos dos buenas tablas de picar (una para los productos salados y otra para los dulces) y algunos buenos cuchillos, a algunas personas les gusta cortar las verduras con una cuchilla china de cocina porque es muy rápida y afilada. Básicamente necesitarás al menos un buen cuchillo largo y fuerte, otro pequeño para cortar las verduras y las hierbas, y un pelapatatas tipo mandolina (pela las verduras con mucha más rapidez que el normal). También resulta muy práctico disponer de una mano de mortero y un mortero para moler las especias y de un triturador de ajos. Un agradable lujo es tener un molinillo de café limpio para moler las semillas, los frutos secos y las especias que requieren ciertas recetas, pero no es algo básico. Aunque sea bueno experimentar plenamente con todas las hierbas y especias que hay en el mercado, lo más sensato es no engancharse a las especias, a los encurtidos o a los pimientos de chile demasiado fuertes porque pueden irritar la membrana intestinal y en algunas culturas se cree que promueve el desarrollo de cáncer de intestino. Los otros utensilios necesarios, como fuentes de horno, sartenes y cucharas de madera, forman parte de cualquier cocina normal.

Los alimentos

Ha llegado la hora de presentarte la enorme variedad de alimentos que tendrás a tu disposición cuando empieces a comer de una forma saludable.

Cereales para el desayuno

El rey de los cereales para el desayuno es el muesli. Tradicionalmente está elaborado con una mezcla de cuatro o cinco diferentes copos, que pueden ser de trigo, cebada, centeno y avena, y mezclado con frutas desecadas como pasas, sultanas y dátiles, y con frutos secos como avellanas o anacardos. En la actualidad la mayor parte de tiendas de alimentación natural ofrecen al menos cuatro o cinco tipos de muesli al que se le ha añadido otros productos como coco, albaricoque, semillas de girasol, semillas de calabaza, piña confitada, orejones e higos. Puedes adquirir uno de éstos o comprar un muesli básico y añadirle los productos que más te apetezcan.

Una buena idea es intentar tomar el muesli con leche de soja, leche de arroz o zumo de frutas. Si lo dejas reposar durante la noche cubierto con la leche vegetal o el zumo, tendrá un gusto delicioso porque los frutos secos se habrán hinchado. Si deseas tomar un buen desayuno puedes añadir al muesli fruta fresca como manzana, plátano o uvas o combinarlas.

También hay otra clase de muesli más crujiente llamado granola. Está elaborado con cereales cubiertos con miel y tostados, y es delicioso.

Todos conocemos los copos de maíz, pero también es posible encontrar en las tiendas copos de trigo, arroz, trigo sarraceno, mijo y cebada. Algunos copos de trigo están cubiertos con malta o miel y también puedes probar los cereales de arroz o de trigo hinchado. En las tiendas especializadas en productos integrales quizá encuentres un delicioso cereal que se toma para desayunar llamado *kashi,* se compone de una mezcla de siete cereales integrales hinchados y de sésamo.

Otro delicioso descubrimiento son los copos de avena gigantes que constituyen unas gachas que producen una agradable sensación de saciedad. Son unos copos de avena mayores de lo habitual con mucha más textura y sabor. Además sirven para preparar una gran cantidad de delicio-

sos postres y de recetas de galletas. Por supuesto, también
es divertido probar las tradicionales gachas de avena y para
este fin es muy útil adquirir un aparato especial que cocina
lentamente la avena por la noche, a no ser que tengas una
cocina a gas con un horno de cocción lenta, y comprar además copos de avena biológicos de buena calidad. También
puedes preparar unas gachas con otros cereales, como
mijo, arroz integral, copos de trigo, copos de arroz o incluso trigo sarraceno.

LOS DESAYUNOS A BASE DE FRUTAS

Una excelente forma de empezar el día es tomando una
compota. La mayor parte de frutas desecadas son lo bastante dulces como para preparar un delicioso almíbar, sólo
necesitas añadirle agua o zumo de fruta. La compota de ciruelas, higos o albaricoques, o una mezcla de manzanas y
peras desecadas, constituye un sabroso desayuno. Hay un
delicioso albaricoque desecado que se llama albaricoque de
Hunza. Es especialmente delicioso si se deja reposar durante 24 horas cubierto de agua a la que se le ha añadido
una hoja de laurel y varias semillas de cardamomo. Después se calienta hasta que arranque la ebullición, se cuece a
fuego lento sólo durante 5 minutos y, por último, se deja reposar 24 horas más. Es un postre muy lujoso, sobre todo si
se sirve acompañado de crema de soja o de frutos secos.

Otra forma de desayunar con frutas es preparando una
deliciosa macedonia con frutas frescas. Es un desayuno
que además llena. O bien puedes mezclar frutas desecadas
que se han dejado en remojo con frutas frescas. Para sustituir el yogur, prueba los yogures y los postres de soja. Son
unas formas sumamente saludables de reemplazar los productos lácteos y combinan muy bien con las compotas, las
macedonias o el muesli.

LOS PANES

Por suerte la época del pan ha vuelto de nuevo y la mayor parte de panaderías, tiendas de alimentos selectos, supermercados y tiendas de alimentación natural tienen una selección realmente maravillosa de panes integrales. Te recomiendo que pruebes el pan de tres semillas, elaborado con semillas de girasol, sésamo y amapola; el pan con granos de trigo malteado, que contiene cereales integrales; y el pan integral o, mejor aún, el pan integral de cultivo biológico. Este tipo de pan tiende a ser menos liviano que el pan al que estamos habituados, pero es muy sabroso y tiene un gran valor nutritivo. También es posible encontrar una selección de panes italianos e indios que contienen hierbas, tomates secados al sol, aceitunas y especias; al tomarse con las comidas hacen que éstas se vuelvan increíblemente variadas.

Las panaderías especializadas tienen además panes elaborados con harina de centeno, cebada o arroz, y panes con malta y con frutas, que constituyen un delicioso cambio. También es posible encontrar bollitos y bollos de pasas elaborados con harina integral que son una buena idea ¡tanto para el desayuno como para el té!

LAS MERMELADAS Y LA MIEL

Hay una increíble selección de mieles que puedes encontrar en las tiendas de calidad de alimentación natural, desde la miel de acacia de delicado aroma, hasta la miel de trigo sarraceno más fuerte y penetrante; desde la cremosa y blanca miel de trébol, hasta la oscura miel silvestre griega, y las dulcísimas y translúcidas mieles de flores de azahar. Lo mejor es adquirir miel biológica de abejas que no hayan sido alimentadas con azúcar. Usa la miel con moderación consumiéndola, por ejemplo, sobre una tostada o en el té en vez de tomarla en grandes cantidades para sustituir tu deseo de azúcar.

Una alternativa a la miel es el sirope de malta, de arroz, de maíz o de cebada, y también el extracto puro de malta. Un interesante cambio es el sirope de dátiles o la melaza de caña, cada uno tiene su propio y característico sabor y, naturalmente, también hay el sirope de arce. Esta variedad de siropes nos hacen caer en la cuenta de que muchos alimentos contienen azúcares naturales y de que es divertido probar todos los distintos sabores, con moderación.

Probar el mundo de las mermeladas es otro placer. Se puede elaborar confituras y pasteles con ellas, o consumir con tostadas para desayunar. En muchas tiendas, sobre todo en las tiendas de alimentación natural, puedes encontrar una increíble selección de mermeladas sin azúcar, incluyendo la de albaricoque, cerezas, moras y manzana; la de grosellas negras, fresas y frambuesas; y también variedades más exóticas como la confitura de guayaba y mango, la mermelada de plátano y mango, la mermelada de piña y jengibre, y la mermelada de ¡melocotón y fruta de la pasión! También es posible encontrar mermeladas bajas en azúcar, ¡de modo que puedes seguir comiendo tostadas con mermelada!

LAS BEBIDAS

Te he sugerido que intentes dejar de tomar té y café por sus propiedades estimulantes, pero si te ves incapaz de hacerlo puedes beber té descafeinado. En los supermercados importantes también encontrarás té Earl Gray descafeinado. El café descafeinado se vende tanto en forma soluble como en grano. Hay quienes dicen que el proceso de descafeinar hace que el café descafeinado sea más tóxico que el café natural y que es mejor beber de vez en cuando una taza de café «puro» que beber café descafeinado con regularidad.

En general, es mejor tomarle el gusto a las infusiones y a las tisanas, de las que también hay una increíble variedad. Los tés de hierbas tradicionales se han elaborado con hierbas, como el nombre sugiere, los más comunes son el de manzanilla, menta, flor de saúco, hibisco, hierba luisa, tila e hinojo. Sin embargo, los años setenta y ochenta presenciaron un absoluto auge en el campo de los tés de frutas, de los que en la actualidad hay una gran variedad, desde té de mandarina, albaricoque, moras y limón o una combinación de frutas y escaramujo, hasta té de piña y coco o ¡té de fruta de la pasión con vainilla! Hay otras muchas más variedades de tés de frutas y son buenos tanto fríos como calientes. En verano es una excelente idea preparar una buena cantidad de té de hierbas, colarlo y guardarlo en una jarra en la nevera. Si le añades un poco de hielo, hierbas frescas (en especial, menta) y dos o tres rodajitas de fruta fresca, es una forma sumamente refrescante y sana de reemplazar los refrescos o las bebidas edulcoradas.

Otra idea, si te encanta el té, es beber un tipo de té mucho más delicado como el té de jazmín, el té verde o el té chino, que se puede tomar muy suave sin añadir leche o quizá sólo con una rodaja de limón. También hay el característico y poco habitual té japonés en ramitas o té *bancha,* del cual se dice que tiene propiedades anticancerígenas. Se prepara hirviendo las ramitas y colando después el líquido. Es delicioso y nos trae remembranzas del ritual japonés del té. El té verde también tiene propiedades anticancerígenas. Otras variedades poco corrientes del té son el té mu y el té rooibos, procedente de un arbusto rojo africano, de sabor muy característico y penetrante, contiene mucho menos tanino o estimulantes que el resto. La cafeína del té no es lo único que has de tener en cuenta, sino también la amarga acidez del tanino. Si intentas tomar la cantidad que sueles beber de té sin ponerte leche, te asombrará ver lo amargo que es, y muchos de nosotros estamos sometiendo a nuestro organismo a ese ácido brebaje ¡nueve o más veces al día!

Hay muchas otras bebidas sanas que puedes tomar como alternativas del café. Prefiero, sin embargo, considerarlas como bebidas y no como sucedáneos del café porque así uno no se crea falsas expectativas (¡ninguna de ellas sabe como el café en absoluto!). Puedes adquirir productos elaborados con cebada tostada o con una mezcla de cereales, hierbas e higos. También hay el café de diente de león hecho con raíz tostada de esta planta (es un poco más amargo), así como las bebidas a base de algarrobas, de sabor más parecido al del chocolate.

Zumos de frutas

En el mercado hay zumos de frutas de todas formas y tamaños, aunque los zumos envasados con el sistema antiguo del tetrabrik, los más comunes en los supermercados, tienden a ser de poca calidad porque el zumo suele estar «concentrado», es decir, la mayor parte del líquido se ha evaporado en el país de origen, se ha transportado en barco en esta forma concentrada y después se ha vuelto a diluir para venderlo en el país de destino. En este proceso se destruyen una gran cantidad de nutrientes, en especial las vitaminas y las enzimas. Si es posible es mucho mejor adquirir zumos de frutas de la región y de cultivo biológico. La mejor opción es adquirir zumos de frutas típicas de nuestro país. Un zumo de manzanas de cultivo biológico sabrá como una deliciosa manzana fresca y crujiente. Hoy en día en muchos supermercados y tiendas de alimentación natural se venden zumos de frutas recién hechos o una deliciosa combinación de éstos. Mientras no hayan sido pasteurizados, son sin duda una bebida anticancerígena ideal.

Por desgracia, según la legislación vigente la mayoría de zumos de frutas envasados en recipientes de cartón o de cristal han de estar pasteurizados. Esta medida es comprensible (porque la tierra podría estar contaminada con bacterias), pero lo más probable es que el proceso afecte a los contenidos nutritivos del zumo. La mejor solución es comprar una licuadora, limpiar a fondo las verduras de cultivo biológico y hacer nuestras propias combinaciones de zumos de frutas y de verduras, como un zumo de remolacha, zanahoria y manzana, para beber unos deliciosos zumos recién hechos. Al principio cuando compres la licuadora desearás meter en ella casi todo lo que encuentres en la cocina para experimentar con cualquier cosa, desde patatas hasta nabos, apio y ¡plátanos! Lo curioso de los plátanos es que apenas tienen jugo, pero si los metes en la licuadora junto con otras frutas, el zumo tendrá un delicioso sabor a plátano. Con los restos de fibra vegetal que quedan en la licuadora también puedes preparar un caldo de hortalizas. De ese modo te sentirás muy virtuoso, ¡porque estarás aprovechando hasta la última fibra de las verduras biológicas! Antes de meterlas en la licuadora, acuérdate sobre todo de pelar y eliminar la piel de las verduras y frutas que no sean de cultivo biológico, porque podrían contener unos alarmantes niveles de pesticidas e insecticidas.

Las nuevas bebidas

Desde que los consumidores se han dado cuenta de que ingerir las grandes cantidades de azúcar que contienen las latas de refrescos es una mala idea para los dientes, el metabolismo, el peso y la nutrición, ha aparecido en el mercado una gran variedad de nuevas bebidas. Suelen componerse de concentrados de zumo de frutas diluidos en agua mineral con gas. Se han elaborado con distintas frutas o con una combinación de éstas.

En el mercado también hay una selección de concentrados de zumo de frutas, como los de manzana, pera, fresas, moras y muchos otros. Como en el proceso de la concentración los zumos se han calentado, se ha destruido parte de sus componentes nutritivos, pero son una excelente idea para dar sabor de forma natural a unos sanos postres como las mousses y los batidos elaborados a base de soja. También realzan el sabor del almíbar de las macedonias o añaden un interesante sabor a una salsa agridulce. Los concentrados de zumos de frutas constituyen además una alternativa a los edulcorantes, ya que al ser tan concentrados son muy dulces.

Pero la mejor bebida de todas es, sin duda, el agua de buena calidad. Como ya he mencionado, si hay alguna fuente natural cerca de tu casa, haz que comprueben si es potable y luego ve a recoger tus provisiones de agua en ella con regularidad, porque es el agua ideal para beber. Si esta idílica posibilidad es imposible, adquiere agua embotellada de la mejor calidad posible e intenta beber unos 2 litros al día, fría o mezclada con tés de hierbas y tisanas.

LAS LEGUMBRES

La idea que solemos tener de las legumbres ¡se limita a las lentejas verdes y rojas, las judías rojas y los garbanzos! Si ése es tu caso, prepárate para recibir una noticia muy agradable: esta área de la alimentación integral, que al principio intimida, acabará siendo toda una delicia. Si eliges seguir esta dieta, las legumbres se convertirán en una de tus principales fuentes proteicas, por eso es tan importante resolver cualquier desazón que te produzca el hecho de cocinarlas, para beneficiarte realmente de la maravillosa variedad de texturas y sabores con las que hoy en día se comercializan. Mientras vayas adquiriendo esta nueva habilidad culi-

naria, te gustará saber que en la actualidad en los supermercados hay una gran cantidad de legumbres cocidas
envasadas. Aunque sea más sano y a menudo más gratificante cocinarlas en casa, constituyen un recurso muy importante cuando uno no tiene tiempo de prepararlas.

Las lentejas

No era mi intención burlarme de las lentejas rojas, ya que
es un alimento sumamente práctico con el que se elaboran
deliciosas sopas y el *dahl* indio, y el elemento sólido de muchos asados o platos hechos al horno. En la actualidad las
lentejas del puy verdes son cada vez más fáciles de encontrar, tienen un delicioso sabor y, al cocerlas, no se ablandan
tanto como las rojas. Una buena alternativa son también las
lentejas marrones o las verdes, y si vas a cualquier tienda
india de alimentos encontrarás una increíble variedad de
diez a veinte clases de lentejas para experimentar con ellas.
Los tenderos indios estarán encantados de explicarte cómo
se cocinan las distintas variedades; casi siempre que he pre-
guntado a un tendero cómo se preparaban ¡me ha invitado
a su casa para mostrármelo personalmente! Los indios, sobre todo los hindúes, suelen cocinar de maravilla las verduras y también tienen una actitud increíblemente generosa
hacia los alimentos y su preparación. Aceptar semejante
invitación puede ser para ti una auténtica aventura e incluso acabar en una amistad duradera y sumamente enrique-
cedora.

Los guisantes y garbanzos

La familia de este tipo de legumbres también es muy extensa. Aparte de los guisantes secos, que constituyen la base
del apreciado «puré de guisantes» inglés, hay los garbanzos
con los que se preparan guisos y ensaladas y también la
base del delicioso plato griego conocido como *hummus*, una

salsa o paté vegetal riquísimo elaborado con garbanzos cocidos, ajo, aceite de oliva, zumo de limón y tahini. También hay los guisantes partidos verdes y amarillos, que suelen utilizarse en las sopas.

Las alubias

Una de las más delicadas y sabrosas, muy apreciada por los gourmets, es la judía «flageolet». Más pequeña que la judía roja (en forma arriñonada), es de color verde pálido y tiene un delicado sabor. Otra de las judías más delicadas es la azuki, una alubia pequeña de color rojo oscuro y de penetrante sabor. Los fríjoles negros son como las judías rojas, sólo que un poco más pequeños, e incluso hay otra alubia similar procedente de Estados Unidos llamada «tortuga negra». Ambas son muy distintas de las pequeñas alubias negras chinas de intenso sabor usadas para enriquecer salsas y platos a base de pescado y verduras, y para preparar la pasta de miso que realza el sabor de sopas y estofados. Las judías de careta, una alubia más bien pequeña de color blanco-tostado con un «ojito negro» en el extremo donde la judía se une con la vaina, también son distintas. Son ideales para preparar guisos con judías.

La alubia blanca mantequilla, de mayor tamaño, es una de mis preferidas, resulta deliciosa si se saltea ligeramente en aceite de oliva, ajo y perejil, o si se reduce a puré para elaborar una salsa o un paté. También se preparan con ella deliciosas sopas y guisos por su sustancioso e intenso sabor. Las judías cannellini, de color blanco y un poco más pequeñas que las rojas, son un plato principal muy adecuado. También hay unas alubias redondas y marrones, procedentes del Reino Unido, que tardan bastante tiempo en cocerse. Son poco corrientes y pueden aportar variedad a tu menú. Las judías blancas son las que se utilizan envasadas con salsa de tomate. En su estado natural son blancas;

como al cocinarlas adquieren una textura ideal, son perfectas para las sopas y los guisos. Las judías mungo, pequeñas y de color verde, suelen consumirse germinadas y forman parte de las semillas que se sirven habitualmente en los restaurantes chinos. Las alubias pinta son rosadas y moteadas y también constituyen una alternativa para variar el menú.

La judía roja se conoce sobre todo porque es uno de los ingredientes de los platos picantes mexicanos. Por suerte, resulta tan fácil hacer chile sin carne como chile con carne; para los que se inician en la cocina vegana es una receta muy fácil si se sabe ya preparar chile con carne picada de buey. De hecho, hay quien sigue con la mayor fidelidad posible la receta sustituyendo la carne picada por productos vegetarianos sucedáneos, pero el plato resulta igual de sabroso si se prepara sólo con judías rojas. Con estas alubias también puedes elaborar una deliciosa ensalada. Sólo has de picar algunas cebollas y tomates, un poco de perejil y ajo, mezclar los ingredientes con las alubias cocidas frías en una buena vinagreta, y ya tienes una riquísima ensalada que puede ser el primer plato o el plato principal.

Todo esto nos lleva a la judía más asombrosa de todas: la de soja. Pocas veces se cocina y se sirve como un plato, pero sirve como base para elaborar una sorprendente variedad de productos como la leche de soja, la cuajada de soja (o tofu), el yogur y los postres de soja, la crema de soja, el queso de soja y muchas otras pastas y patés de soja, que sustituyen la carne, e incluso hay ¡helado de soja! Los bebés se crían estupendamente con leche de soja en vez de con leche de fórmula de vaca, y a menudo constituye una solución para la intolerancia a la lactosa y el tipo de eccema-asma asociado a la leche de vaca y a los productos lácteos. La alubia de soja es una judía pequeña y blanca que tarda mucho en cocerse. Para preparar leche de soja sólo se han de triturar y diluir en agua. Al igual que la leche de vaca, si se deja reposar sirve para elaborar yogur y tofu, y la cuajada de soja se presiona como la cuajada de leche de vaca para fabricar quesos, patés y pastas más densos que se usan de muchas formas. La mayor parte de la comida vegetariana preparada de las tiendas de alimentación natural está hecha a base de soja.

EL ARROZ, LOS CEREALES Y LA PASTA

La fécula que cosumimos en las comidas es el elemento que nos aporta la fuente principal de energía, ya que se convierte fácilmente en la glucosa que proporcionará energía a nuestro cuerpo. En la dieta inglesa la patata ha sido la fuente principal de féculas, en cambio, en la mayoría de países, sobre todo en los del Tercer Mundo, la fuente principal de féculas procede del arroz y los cereales. El arroz y los cereales contienen muchas más vitaminas y minerales que las patatas. Tienen sobre todo un alto contenido en vitaminas B y E, ácidos esenciales grasos y proteínas vegetales y minerales (siempre que se hayan cultivado en una tierra de buena cualidad). En realidad, incluso se ha sugerido que en la Edad Media las patatas se introdujeron como alimento principal de los campesinos ¡porque hacía que fueran menos inteligentes que si se hubieran alimentado con una dieta a base de cereales!

Muchas de las vitaminas y minerales que contienen las patatas y otros tubérculos están concentrados a 2 mm debajo de la piel, pero ésta suele eliminarse. Lo mismo ocurre con el arroz y los cereales, por eso es tan importante consumir cereales integrales, como el arroz integral, en vez de los refinados. Las patatas con piel lavadas a fondo, hervidas o cocinadas con la piel, son deliciosas y muy sanas (si son de cultivo ecológico). En general, lo mejor es tomar al menos un plato al día que tenga como base arroz y cereales.

El arroz

En cuanto al arroz, la principal elección que tienes es entre el arroz integral de grano largo y el de grano corto. Con el arroz arborio, procedente de Italia, puedes preparar unos fantásticos risottos; el arroz integral más delicado, procedente de Pakistán, se llama arroz basmati.

El arroz integral de grano corto no sólo sirve para preparar arroz con leche (como el arroz blanco de grano pequeño), sino que es una elección ideal para preparar risottos, ya que al cocerse tiene una cualidad más glutinosa que el arroz integral de grano largo. Éste, en cambio, es más adecuado para las ensaladas, ya que en ellas es más importante que los granos no se peguen ni sean feculentos.

Si deseas cocinar un plato especial, hay un arroz maravilloso conocido como arroz silvestre que suele proceder de Surinam. Su aspecto es totalmente distinto, es mucho más delgado y largo que el arroz habitual y está en el interior de una cáscara negra. Al cocinarlo, la cáscara estalla y el arroz se hincha, contrastando el arroz blanco con la cáscara negra. El resultado es un arroz muy atractivo, sabroso y consistente.

Un método muy sencillo para cocinar la mayoría de recetas a base de arroz integral es lavar primero el arroz, agregar luego una taza y media de agua por cada taza de arroz, y cocerlo a fuego lento hasta que el agua haya desaparecido. Otro método es echar primero un poco de aceite en una sartén, calentarlo, añadir el arroz y removerlo bien para que todos los granos se impregnen, agregar después agua, llevarlo a ebullición y cocinarlo a fuego lento. Este método tiene además la ventaja de hacer que el arroz adquiera un sabroso gusto a aceite de sésamo o de oliva. Cualquiera de estos métodos te dará unos resultados perfectos. Durante la cocción no se añade sal y normalmente la cazuela se tapa de modo que quede un pequeño espacio sin cubrir para que el agua se vaya evaporando lentamente. Se cocina en 30-40 minutos. El arroz sabe delicioso tal cual, pero si lo deseas puedes realzar su sabor agregando aceite de oliva o de lino, semillas de sésamo tostadas o un poco de salsa de soja. O bien añadiendo mientras se está cociendo 2-3 hojas de laurel o 6-8 semillas de cardamomo. El arroz silvestre tarda un poco más en cocerse; la mayoría de marcas que lo comercializan incluyen unas detalladas instrucciones en el paquete. A veces puedes cocinar un poco de arroz silvestre por separado y mezclarlo luego con arroz integral para añadir un poco de glamour a tus platos.

Si planeas preparar una ensalada de arroz, es una buena idea agregar la vinagreta justo después de cocerlo, mientras el arroz se está enfriando (luego de escurrirlo), así los granos se mantendrán sueltos y el calor ayudará a que absorba a fondo el sabor de la vinagreta. Cuando se haya enfriado, guárdalo en el refrigerador y úsalo cuando lo necesites mezclado con verduras troceadas, frutas, frutos secos y semillas. Si piensas recalentarlo más tarde para preparar algún sabroso plato, agrégale mientras se enfría un chorrito de aceite de oliva para que los granos se mantengan sueltos y puedas volver a calentarlo fácilmente.

Para ampliar tus conocimientos sobre la cocción del arroz y tu repertorio de deliciosas recetas, te recomiendo encarecidamente que estudies algún libro de recetas vegetarianas italianas, para familiarizarte con las técnicas de la elaboración de risottos, y algún otro libro de recetas vegetarianas indias, para saber preparar una buena cantidad de recetas de pilaus y birianis a base de arroz.

La leche de arroz es una interesante alternativa a la de soja. Tiene un sabor un poco más suave y se nota menos al usarla para sustituir la leche de vaca.

Los cereales

Si estás pensando que pronto te hartarás de comer arroz integral cada día, no te preocupes, puedes probar una amplia selección de otros cereales, algunos tienen la ventaja de cocerse mucho más deprisa que el arroz integral.

El cuscús integral es el primer ejemplo que se me ocurre. El cuscús está hecho de trigo y se cuece en sólo 20-30 minutos. Puede servirse para acompañar las verduras o, como el risotto, mezclado con éstas como un plato principal. El bulgur también es de trigo, pero tiene más textura y sabor que el cuscús. Tanto el cuscús como el bulgur son unos cereales muy habituales en los platos de Oriente Medio.

El sabor y la textura del trigo sarraceno también son muy distintos. Como este cereal tiene un sabor bastante intenso, constituye un cambio muy interesante. Sabor que se realza más aún si antes de cocerlo se asa un poco. En realidad, el sabor de cualquier cereal se potencia si antes de cocerlo se asa o tuesta un poco.

Otro cereal ideal es la cebada perlada, cuya textura y sabor son deliciosos y que procede del Reino Unido. Se suele usar en sopas, para espesar y enriquecer en invierno los caldos vegetales, o para su otro uso habitual: como un refresco de agua de cebada. Tradicionalmente se le añadía limón y azúcar, y se solía dar a los enfermos como un reconstituyente. En realidad, el agua de cebada tal cual, sin limón ni azúcar, es bastante alcalina y puede resultar muy útil para el tratamiento natural de la cistitis. Lo que quiero recalcar aquí es que resulta tanto un cereal delicioso como una alternativa al arroz y, además, se cuece más rápido que éste.

Hay otros sabrosos cereales integrales, como el trigo, el centeno, los copos de avena y el mijo. Cuanto más experimentes con los distintos cereales, más te gustarán sus sutiles y únicos sabores y texturas.

Otro cereal poco usual es la quinua, procedente del Ecuador. Este cereal es particularmente interesante porque contiene los 22 aminoácidos esenciales para el cuerpo y es delicioso. Y, por último, hay un grano de maíz especial, el cereal de mayor valor nutritivo, ¡conocido también como palomitas! Preparar palomitas es divertidísimo y sólo necesitas una cazuela honda con una tapa y un poquito de aceite caliente. Los niños pequeños se lo pasarán muy bien si tras añadir más maíz de la cuenta y calentarlo hasta que empiece a estallar, los llamas para que al levantar la tapa vean el espectáculo de una lluvia de palomitas saltando y llenando la cocina por doquier, tu nivel de diversión subirá al menos un 400 por ciento.

Las harinas

Las distintas clases de harina proceden de los cereales que acabo de describir ¡y de otros ingredientes! La forma ideal de usar la gran variedad de harinas integrales de un buen cultivo ecológico que hay en el mercado es elaborando tu propio pan. Lo más probable es que, al igual que tantas otras personas que han vuelto a comer de una forma más equilibrada y natural, sientas el irresistible deseo de hacerte tú mismo el pan. Es una de las recetas más agradables y producirá una sensación hogareña y de gran bienestar a todos cuantos te rodean. Constituye un maravilloso símbolo de tu intención de amarte y alimentarte, y te lo recomiendo de todo corazón. Lo más sensato es empezar utilizando harinas integrales biológicas, pero si progresas y te vuelves más audaz, puedes probar con mezclas, incluidas la de harina de cebada y de centeno.

También hay la harina de maíz, ideal para espesar salsas, y la harina de garbanzos, perfecta para preparar rebozados muy ligeros y crujientes. En la cocina india se usa para este fin. También hay harinas de arroz integral, de soja e incluso de patata y de trigo sarraceno. A veces estas harinas forman parte de los ingredientes de algunas recetas, pero no con la suficiente frecuencia como para que merezcan estar en la despensa de tu cocina.

La pasta

La pasta es otra forma ideal de consumir tu ración diaria de almidón en las comidas. En general, al ser un producto procesado, es un poco menos nutritiva que los cereales integrales. Pero para la mayoría de nosotros constituye una forma realista y atractiva de cocinar y consumir hidratos de carbono. Además de presentarla bajo múltiples formas, también puede estar hecha con una gran variedad de cereales. La regla de oro es de nuevo elegir las pastas integrales en vez de las refinadas y probar los distintos tipos que hay en el mercado para no aburrirte.

Hoy en día puedes adquirir fusilli, lasaña, macarrones, penne, espagueti, tallarines, tortellini, tagliatelle, conchas y fideos de harina integral, y muchas de estas distintas formas también se comercializan en pastas hechas con trigo sarraceno, maíz y arroz. Otra interesante variación es una pasta de espelta, un cereal de Europa del Este. Tiene sabor a nuez y es deliciosa.

La pasta integral de calidad superior se elabora con un tipo de trigo muy duro llamado *durum* de un alto contenido en gluten y un sabor buenísimo. En la actualidad se comercializan muchas pastas enriquecidas con hierbas, ajo, verduras, chile e incluso soja. Si incluyen soja significa que estarás consumiendo hidratos de carbono y proteínas al mismo tiempo.

Las pastas se pueden usar de cien maneras distintas, con salsas, en ensaladas, en platos hechos al horno y en sopas de fideos (el uso más común en la cocina china). El mejor consejo es conseguir un libro de recetas vegetarianas italianas. Una vez te hayas familiarizado con los distintos usos de las hierbas frescas, las setas, los tomates, los frutos secos y las semillas, ¡no desearás volver a tu antigua dieta nunca más! Hoy en día también hay en los supermercados una amplia variedad de excelentes salsas veganas de verduras, tomate y setas para acompañar las pastas, son muy prácticas para los que llevan una vida ajetreada.

FRUTOS SECOS Y SEMILLAS

A veces la gente tiene el hábito de comer frutos secos sólo durante las fiestas navideñas y se olvida luego de ellos. Y al llegar el verano los saca de la despensa cubiertos de polvo (¡y acaba tirándolos a la basura molesta por haber malgastado el dinero!), o no come más que cacahuetes llenos de sal en los bares. Las semillas tampoco suelen formar parte de la dieta occidental. En ambos casos es una verdadera vergüenza, porque los frutos secos y las semillas constituyen una invalorable fuente de proteínas, vitaminas, minerales y ácidos grasos esenciales y, además, tienen una increíble variedad de sabores, texturas y posibles usos.

Frutos secos

Lo primero que hay que saber es la increíble diferencia que hay entre los frutos secos frescos y los que llevan mucho tiempo en las tiendas o en la despensa de la cocina. Los frescos suelen ser suaves y dulces, de textura cremosa, en cambio los viejos son más quebradizos, amargos y cuanto más tiempo tengan, más rancios serán. Huelga decir que es importante intentar adquirir los frutos secos propios de la estación lo más frescos posibles.

Los frutos más útiles en una dieta a base de productos integrales son los anacardos, las almendras, las nueces del Brasil, las avellanas, las nueces, la nuez de macadamia y las nueces pecanas. Si añades a tus platos y ensaladas pistachos y piñones estarás recibiendo una contribución absolutamente deliciosa del mundo de los frutos secos. Ambos son tan sabrosos que no es de extrañar ¡si no llegan a la cazuela!

Los frutos secos también sirven como base de un plato asado o horneado, que puede sazonarse con curry o hierbas, o dejarse tal cual para que se note plenamente el sabor de los frutos secos. Los asados de frutos secos se consumen calientes o fríos y son un recurso ideal para sustituir la carne en un plato. Pueden acompañarse de salsas, quizá elaboradas con tomates o zumos de verduras, el único defecto que tienen es que a veces es un plato denso y algo pesado.

Aunque no sea tan habitual, los frutos secos también sirven para preparar patés vegetales mezclados con otros ingredientes. Triturados o procesados constituyen por sí solos unas deliciosas o dulces pastas para untar. Por ejemplo, en el mercado hay mantequilla de avellanas, de nueces pecanas, de cacahuete y de almendras, y los anacardos triturados mezclados con un poco de leche de soja y zumo de manzana, constituyen una crema buenísima para decorar los postres.

Los frutos secos, especialmente si son frescos, también sirven para preparar currys con unos maravillosos resultados. O se pueden asar solos o con un poco de salsa de soja para realzar su sabor, o comerse solos, mezclados con ensaladas o sobre platos hechos al horno. También pueden mezclarse con arroz, pasta y rellenos de verduras. Las castañas son una deliciosa idea para un guiso y, trituradas, un maravilloso ingrediente principal para añadir a las verduras al horno y a los rellenos de verduras. Las castañas trituradas y endulzadas con un concentrado de frutas también constituyen la base para preparar una gran variedad de postres y pasteles integrales.

La mantequilla de frutos secos mezclada con algarrobas tiene un sabor parecido al del chocolate y es una gran tentación para los niños. La algarroba suele usarse en vez del chocolate porque no contiene cafeína ni otros estimulantes. El coco es otro fruto seco sumamente versátil. El coco rallado, al igual que las castañas, es un ingrediente ideal para un curry o unas verduras al horno, y también es una base igual de buena para preparar postres y pasteles. Las laminillas de coco tostadas son ideales para decorar tanto platos salados como dulces. La crema de coco que se comercializa también es igual de versátil. La crema de coco se elabora con la pulpa del coco rallada y resulta deliciosa agregada a las bebidas. Por ejemplo, un poco de crema de coco mezclada con zumo de piña, hielo picado y zumo de lima recién exprimido, es un maravilloso cóctel de frutas; y si le añades ron, habrás preparado un delicioso *bahía* típico del Extremo Oriente. Pero en general es mejor usar el coco con moderación, porque contiene grasas saturadas que se han relacionado con las enfermedades arteriales.

Las semillas

En realidad, no es sorprendente que las semillas tengan un elevado valor nutritivo, porque contienen todos los elementos fundamentales para la creación de una nueva planta. La germinación de las semillas es otra forma de liberar y potenciar su poder nutritivo, ya que los germinados tienen un alto contenido de enzimas vegetales y vitaminas, minerales, proteínas y ácidos grasos esenciales presentes en las propias semillas.

Las semillas suelen usarse con cáscara o sin ella, y asadas o trituradas en patés, en polvo o en pastas para untar. Al tener muchas un contenido tan alto de aceite, la extracción del mismo es su principal uso comercial. En una dieta

a base de productos integrales las más populares son las semillas de girasol, sésamo, lino, alfalfa y calabaza. Molidas
en un molinillo eléctrico para frutos secos sirven para espolvorear tanto sobre platos dulces como salados a fin de
potenciar su sabor y su valor nutritivo. También son deliciosas mezcladas con rodajas de fruta fresca, yogur de soja,
vainilla y miel o sirope de arce.

Semillas de girasol

Las semillas o pipas de girasol, que se usan tanto en platos
al horno y en rellenos como en la decoración de postres,
son especialmente deliciosas si se tuestan en el horno después de haberlas rociado con un poco de shoyu o salsa de
soja. Preparadas de ese modo, son un buen aperitivo para
tomar con alguna bebida antes de cenar o para que los
niños se las lleven al colegio y se las coman en el almuerzo.

Semillas de sésamo

Las semillas de sésamo son diminutas y sumamente sabrosas. Son ideales para realzar la textura y el sabor de pastelitos, panes y para echar sobre los postres salados de
frutas. Molidas constituyen una deliciosa mantequilla
conocida como tahini, que se comercializa en una pasta
clara u oscura. El tahini se usa comúnmente en la cocina
de Oriente Medio y es un ingrediente muy útil en los guisos
de verduras (para añadir sabor y espesar su consistencia),
como una salsa que se toma con arroz y verduras, o para
untar, para los amantes del ajo, en una tostada con una
capa de margarina y otra capa compuesta de ¡una cuarta
parte de diente de ajo machacado! Constituye también la
base de la *halva,* un delicioso dulce griego y de Oriente Medio que se describe en el apartado «Los tentempiés y los
dulces». Tostadas con un poco de sal y trituradas sirven

para preparar el *gomasio*, un producto descrito en el apartado «Especias y condimentos».

Semillas de calabaza

Las semillas de calabaza son grandes y ovaladas. A veces se añaden al muesli y a los platos al horno, y si se asan hasta que se doren con un poco de salsa de soja, son absolutamente deliciosas.

Semillas de alfalfa

Las semillas de alfalfa son diminutas, y pueden agregarse a las comidas por su valor nutritivo o usarse para elaborar los finos y delicados germinados que se venden en los supermercados y en las tiendas de alimentación natural. La alfalfa germinada constituye un gran alivio para muchos de los que acabamos con una colección de semillas germinadas que despedían un cierto tufillo alineadas en el alféizar de la ventana de la cocina para hacer el trabajo de la clase de biología y, desde luego, me quito el sombrero ante los que saben hacer deliciosos y crujientes germinados en casa. De cualquier forma, los germinados de alfalfa —junto con los de judía mungo que ya he mencionado— son un ingrediente de un alto valor nutritivo que puedes añadir a ensaladas y verduras salteadas.

Otra semilla que encontrarás es la semilla de amapola de color azulado, de delicado sabor y bello aspecto, que se usa en una variedad de platos dulces y salados.

Semillas de lino

Las semillas de lino, como ya he mencionado, se están convirtiendo cada vez más en una fuente suplementaria de ácidos grasos omega 3 y, molidas, pueden agregarse fácilmente a muchos platos.

ACEITES Y MARGARINAS

Aceites

Hay un amplio surtido de aceites extraídos de una gran variedad de frutos secos y semillas. Entre los años cuarenta y sesenta, los aceites, junto con la tendencia a refinar otras clases de alimentos, se comercializaban refinados hasta tal punto que era imposible distinguir el sabor del fruto seco o de la semilla del que procedían. En la actualidad, por suerte, se vuelven a consumir los aceites vírgenes prensados en frío que retienen tanto el sabor como el color naturales. El dorado aceite de cacahuete refinado de sabor insípido y color pálido no se puede comparar con el delicioso aceite virgen de color verde oscuro o con el de nuez o de avellana de color marrón oscuro. Si se añade un poquito de aceite puro de sésamo al final de un plato salteado, realza increíblemente su sabor, y los aceites de frutos secos son excelentes para dar sabor a las vinagretas. El aceite de cacahuete es especialmente adecuado para la cocina china. Los de soja, girasol, maíz y cártamo tienen menos sabor, pero son económicos y sanos. Los de almendra, coco y uva son más delicados y a veces se usan en recetas de pasteles. El aceite de mostaza no se usa en la cocina porque tienen un alto contenido en ácido 13-docosenoico. El ghee, que suele venderse en las tiendas indias, normalmente se ha elaborado con mantequilla y por ello es mejor evitarlo. Algunas tiendas de alimentación natural venden, sin embargo, una versión vegetal del ghee. En general, puedes sustituirlo en las recetas indias por aceite de oliva.

Margarinas

Actualmente hay en el mercado un amplio surtido de margarinas, pero en realidad hay muy pocas que sean veganas. La mayoría contienen sólidos lácteos y es mejor evitarlas (incluso muchas de las nuevas margarinas de aceite de oliva los contienen). Lo más adecuado es leer detenidamente la lista de los ingredientes en la etiqueta.

PRODUCTOS A BASE DE SOJA

Ya he mencionado que la alubia de la soja produce una gran variedad de productos, lo cual es más casual si cabe ahora que la soja se considera tan beneficiosa. Para el vegano una de sus mayores ventajas es que puede usarla para reemplazar la mayoría de productos lácteos. La leche de soja tiene un sabor un poco más terroso que la leche de vaca, pero combina bien con el té o los cereales que se toman para desayunar (con el café no combina bien, por lo visto se corta). La crema de soja es buenísima y los yogures de soja, sobre todo los aromatizados con fruta fresca, son una excelente alternativa.

Si te resulta imposible dejar de tomar totalmente yogures de leche de vaca, es mucho mejor que sean de leche de cabra porque es pobre en grasas y las proteínas se digieren fácilmente. El yogur de oveja es incluso más cremoso que la mayoría de yogures de cabra. Por ejemplo, la mayor parte de marcas de yogures griegos están hechos con leche de oveja. El queso de soja es quizá la última alternativa y puede que no valga la pena incluirlo en tu dieta.

Las alubias de soja también se fermentan para preparar una pasta de intenso sabor llamada *miso*, una forma excelente de sustituir el cubito de caldo, más adelante se describe en el apartado «Especias y condimentos».

El paso siguiente a lo largo del camino de la soja es explorar el territorio del tofu. El tofu es una especie de cuajada suave y ligera, de una consistencia algo gelatinosa, hecha de leche de soja, que se ha dejado reposar y se ha separado como en el caso de la cuajada y el suero de leche.

Este tipo de cuajada se presiona en bloques cuadrados y se puede adquirir conservada en salmuera en las tiendas de alimentación natural y en los supermercados. Los chinos la llaman «cuajada de alubias» y se usa de muchas maneras. Si se agrega a otros platos, es mejor cocerla a fuego lento durante algunos minutos para que sea un poco más sólida, si no, se desmenuzaría al saltearla con las salsas o los platos vegetales. Absorbe bien los otros sabores y eso es bueno, porque por sí sola es bastante insípida. El tofu también puede freírse, al hacerlo la superficie se dora y se vuelve crujiente. Los cocineros hábiles consiguen rellenarlo con salsas picantes y mezclas de verduras, y freírlo, para elaborar un aperitivo o un primer plato delicioso. También se vende una variedad muy ligera de tofu llamada «tofu sedoso», producto que se usa como base para elaborar quiches y tartas de queso, o para preparar batidos de leche veganos y bebidas reconstituyentes.

También se mezcla con otros ingredientes para formar la base de muchos productos integrales salados como hamburguesas, patés, empanadas y platos hechos al horno. Aparte del yogur de soja, también se venden postres de soja con sabor a vainilla, plátano y algarroba. Son más parecidos a una mousse o a unas natillas y resultan ideales como postre para los niños o para decorar macedonias y budines. Por lo visto, son más cremosos que la mayoría de yogures de soja y a los niños les encanta.

LOS SUSTITUTOS DE LA CARNE

En los últimos veinte años ha habido un extraordinario progreso en la producción de una amplia variedad de productos vegetarianos sucedáneos de la carne, debido al crecimiento del vegetarianismo. En general, estos productos están hechos de proteína vegetal texturizada (PVT) o de

Quorn, que procede de una micoproteína. Esta micoproteína, cuyo perfil nutricional es excelente (baja en grasas y con un alto contenido en aminoácidos esenciales), se encontró en un principio creciendo bajo tierra en el Thames Valley y en la actualidad se comercializa en plantas especialmente diseñadas para este fin. La PVT y el Quorn sirven para elaborar una amplia variedad de sucedáneos cárnicos porque tienen una textura fibrosa parecida a la de la carne magra. El Quorn es un poco más firme que la PVT y su consistencia se parece más a la de la carne. No tienen demasiado sabor, pero al igual que el tofu, absorben muy bien los sabores de salsas y adobos. La PVT y el Quorn se venden «picados», «en trozos» (que representa la carne para estofar), o en pasta, usada para hacer salchichas y hamburguesas.

Son productos sumamente útiles para los que desean adoptar una dieta vegana o vegetariana sin cambiar el tipo de platos que comen. Para ayudarnos aún más, hoy en día cada vez hay una mayor variedad de productos en el mercado, como hamburguesas vegetales y salchichas veganas que podrían decepcionar al consumidor de carne sólo por el feliz hecho de que al comerlas uno no se encuentra nunca ¡con los molestos cartílagos o nervios que a veces tiene la carne! El único problema que presentan es que pueden hacer que tiendas a consumir grandes cantidades de proteínas, pero mientras tengas presente tu intención de reducir tu ración diaria de proteínas en un 10-20 por ciento, no habrá ningún problema.

LAS GALLETAS

Por suerte, muchas galletas saladas están hechas con ingredientes integrales. Por ejemplo, las galletas de avena son unas galletas integrales ideales, así como muchas galletas de centeno. También hay las galletas de arroz, que parecen de poliestireno, hechas de arroz hinchado unido. En la actualidad son bastante sabrosas, pero a algunas personas les gusta su textura y en cambio a otras, no. Son especialmente útiles si sospechas que eres alérgico a la harina o al gluten, y se pueden comer con patés, pastas para untar y mermeladas.

En cambio, la mayoría de galletas dulces están llenas de azúcar y grasas. Es mucho mejor que las hagas en casa, aunque quizá descubras que tienes que ser lo bastante creativo como para hacer unas buenas galletas integrales veganas. En general, las mejores son las de avena, fruta y frutos secos parecidas a las galletas dulces de avena o a las galletas integrales. Si lo deseas, también puedes usar compotas de frutas y frutos secos triturados para elaborar unas galletas más originales y deliciosas que sean menos secas.

LAS FRUTAS DESECADAS

Las frutas desecadas se han mencionado en el contexto de los alimentos ideales para tomar en el desayuno, junto con el muesli, como los orejones, los higos secos y las ciruelas desecadas. También hay melocotón y pera desecados, y dátiles, pasas y sultanas. La reina de las pasas es, sin la menor duda, la gran pasa de la variedad lexia, absolutamente deliciosa, que también puede ponerse en remojo y comer como una compota de frutas, solas o mezcladas con otros frutos secos o frutas.

También hay plátano, mango y piña desecados, pero a mí me parece que tienen un sabor tan distinto al original, que en realidad no me suscitan un gran interés. En cambio a otras personas les encantan, ya sea solos, como una alternativa a los dulces, o mezclados con el muesli y los postres.

El problema de las frutas desecadas es que al ser tan pegajosas y dulces, son sumamente susceptibles de ser atacadas durante el transporte por hongos y bacterias. Por eso muchas están cubiertas de azufre, aceites, insecticidas y pesticidas. Si es posible es mejor que sean de cultivo ecológico. Descubrirás que las frutas desecadas cuando son realmente de cultivo biológico, están más secas que las tratadas y son, por tanto, menos pegajosas y vulnerables a los ataques. Y eso significa que al comerlas crudas no son tan deliciosas como las otras, pero si las dejas en remojo probablemente serán tan ricas como las tratadas y además se reconstituyen muy bien. Un buen ejemplo de ello es el albaricoque de Hunza que ya he citado, el cual aunque se venda en un estado bastante duro y seco, después de dejarlo en remojo dos días siguiendo el proceso descrito (véase la página 74) se convierte en el postre más suculento y delicioso que uno pueda imaginar.

Es muy agradable elaborar tus propias mermeladas y pastas para untar reduciendo a puré las compotas de frutas desecadas. Como he mencionado antes, son una base o una decoración deliciosa para pasteles, tartas y postres, sobre todo si se cocinan con un poquito de jengibre, laurel, cardamomo, canela o alguna otra especia que te apetezca.

ESPECIAS Y CONDIMENTOS

Hay demasiadas hierbas y especias como para describirlas individualmente, pero el mejor consejo es intentar, si es posible, cultivar tus propias hierbas, como la albahaca, el cilantro, la menta y las cebolletas, en verano, y el romero, la salvia y el tomillo a lo largo del año.

Las otras dos piedras angulares de la mayor parte de la cocina vegetariana son el ajo y la raíz de jengibre. Incluso es posible encontrar o hacer jugo de jengibre, que es como el extracto de jengibre que se añade a las recetas. También puedes cultivar o comprar rábanos picantes, al echarlos rallados en verduras o salsas éstas adquieren un vivo sabor.

Para la mayoría de la gente, el principal problema está en cómo sustituir la sal. Por suerte hay toda una serie de alternativas. La salsa de soja, el shoyu y el tamari son unos líquidos con los que la mayoría de platos pueden aliñarse para darles un sabor salado. El miso, una pasta marrón que se ha de diluir con agua y mezclar luego en los platos, sirve para potenciar el sabor. También se usa para preparar sopas o bebidas saladas. Estas sustancias tienen un alto contenido en sal, pero también contienen otros nutrientes —en especial minerales— que hace que sean una mejor alternativa que la sal pura. El miso se vende elaborado con arroz o cebada, y como está hecho principalmente con alubias de soja, es una rica fuente de proteínas y otros valiosos nutrientes.

Los extractos de levadura son otro útil ingrediente sazonador. Resultan ideales para sustituir los cubitos de caldo, aunque hay que usarlos con moderación por su alto contenido en sal. Echar una cucharadita de extracto de levadura en un poco de agua hirviendo en una fría noche ¡es una agradable alternativa salada a una taza de té! Se consigue el mismo resultado echando media cucharadita de caldo vegetal deshidratado y varias rodajitas de jengibre, un gran estimulante del sistema inmunitario, para dar sabor.

La familia del vinagre es también un agente aromatizador excelente. En Gran Bretaña se consumen vinagres de malta más fuertes, pero también hay el vinagre de sidra y el vinagre al estragón, que son mucho más suaves y delicados, y el exquisito vinagre balsámico italiano envejecido en cubas de madera de roble, práctica que le confiere un sabor mucho más dulce y delicado que la mayoría de vinagres. Es ideal para muchos aliños y recetas que requieren vinagre. Para ampliar las sensaciones gustativas también puedes adquirir vinagres de fruta, como el vinagre de frambuesa que, combinado con un poco de aceite de nuez, constituye un sabroso aliño para una ensalada.

Al tratar el tema de los aliños ya he mencionado que es mejor no usar demasiado aceite. Intenta sustituirlo con tofu fresco biológico o tofu sedoso mezclado con un poco de cebolla, vinagre, mostaza y alguna hierba de tu elección.

La mostaza y las semillas de mostaza son un buen potenciador del sabor y sirven para todo tipo de recetas. La mostaza en grano o la delicada mostaza de Dijon francesa, que aportan un sabroso toque picante a una salsa, son especialmente buenas.

Otra idea es utilizar en tus recetas salsas de curry preparadas, masalas, chutneys y encurtidos. A veces dan a la comida una dimensión dulce/ácida, haciéndola muy atractiva. Las salsas de curry preparadas, en especial las auténticas salsas que se venden en las tiendas indias, transforman al instante un guiso de verduras en un curry.

Los más atrevidos pueden sazonar los platos con algas marinas. Agregadas a las verduras, al arroz o a los cereales producen sabrosos resultados. Las algas más comunes que se venden en las tiendas de alimentación natural son las nori, las kombu, las arame, las wakame y las iziki. Es imposible describir el sabor de estas algas. En general los mejores resultados se consiguen tostándolas ligeramente y desmenuzándolas para espolvorearlas sobre el arroz, los cereales, los platos al horno o los estofados.

Si te ves incapaz de renunciar a la sal, una forma de reducirla es preparar *gomasio*. Para ello has de moler semillas de sésamo tostadas (es decir, semillas tostadas en el horno o en el fogón de la cocina con una sartén hasta que adquieran un color marrón oscuro) con un poco de sal marina (en una proporción de 10 partes de semillas de sésamo por 1 de sal). Es absolutamente delicioso y realzará enormemente el sabor de los platos sin añadir demasiada sal.

La otra buena noticia es que puedes incluir en tu dieta un poco de mayonesa casera. Elabórala con una yema de huevo y media taza de aceite de oliva que echarás poco a poco; también puedes agregar un poco de vinagre balsámico o de zumo de limón y, si lo deseas, un poco de ajo. Y si echas un poquito de esta mayonesa en un bol de sopa de tomate, la enriquecerá de una forma increíble y le dará gran textura y sabor, o también puedes mezclarla con las ensaladas o echarla sobre las patatas cocidas al horno.

Otro ingrediente básico para la mayoría de cocineros vegetarianos es el tomate en todas sus múltiples formas. Quizá la más útil sea el puré de tomate, que potencia el sabor de muchas recetas. Otro lujoso miembro de esta familia son los tomates secados al sol, cada vez más fáciles de adquirir, unos grandes potenciadores del sabor que llenan de vida cualquier receta. Lo mismo ocurre con la familia de las aceitunas. En la actualidad es posible encontrar todo tipo de aceitunas, pero yo creo que la aceituna que más me gusta es la kalamata, de carne firme, jugosa y sumamente sabrosa. Los amantes de las aceitunas adorarán el paté de aceituna, que se vende en las tiendas de alimentación natural de calidad y en las tiendas de productos selectos. Puede usarse de infinitas maneras para enriquecer los platos, y también se puede consumir como aperitivo sobre una galleta salada o con verduras crudas. En la actualidad también hay puré de albahaca, por lo tanto, es posible disfrutar del fresquísimo sabor de la albahaca en lo más crudo del invierno.

Las setas son un capítulo aparte. Se han escrito muchos libros sólo de recetas a base de setas. Las menciono porque con una pequeña cantidad ya se realza el sabor de un risotto o de un plato de pasta. Entre las setas especiales destacan el robellón, el pleuroto o seta ostra, el boleto y las setas shitake chinas. Muchas setas se venden secas, pero al ponerse en remojo se reconstituyen muy bien, y laminadas se usan para los salteados y otro tipo de platos, a los que aromatizan con su penetrante sabor.

El queso

El nombre de «queso vegetariano» no es del todo correcto. En realidad es como un queso corriente elaborado con productos lácteos pero sin el cuajo. La razón por la que los vegetarianos que no consumen carne por motivos éticos no toleran el cuajo es porque se trata de una enzima extraída del estómago de las terneras. Dicha enzima ayuda a convertir la leche que beben las terneras en una especie de proteína de una consistencia más sólida, parecida a la del queso, con fines digestivos. Enzima que resulta muy útil para iniciar el proceso industrial de convertir la leche en queso. El único queso vegetariano, o mejor, vegano, que hay, está hecho, ¡oh, sorpresa!, de soja. Sin embargo, no sabe como el queso corriente y su uso se parece más al de la carne «picada» y «para estofar» de la PVT. En general, es mucho mejor elegir otras alternativas más genuinas, como el hummus y los patés vegetales, ¡en vez de una burda imitación!

Los quesos de leche de oveja y de cabra suelen ser más biológicos que los de leche de vaca, y el de cabra es el más bajo en grasas de los tres. Pero si deseas seguir una dieta pobre en grasas y proteínas de origen animal, es mejor evitarlos. Agunos adictos al queso disfrutan del intenso sabor a queso echando un poco de parmesano rallado en los platos al horno en vez de usar otra clase de queso.

Los tentempiés y los dulces

Los frutos secos son los tentempiés integrales más evidentes, pero hay que consumirlos sin sal y ¡sin los aditivos que se añaden al tostarlos! Cada vez hay en el mercado una mayor variedad de patatas chips y de nachos de maíz bio, aunque vale la pena leer cuidadosamente la lista de ingredientes que figura en el paquete para asegurarse de que no contengan aditivos, colorantes ni aromatizantes químicos. Los pappadums, unas tortas de pan de la India delgadas y crujientes, también constituyen un sabroso aperitivo y pueden comerse con salsas. Las galletas de arroz sirven para el mismo propósito, pero es mejor leer la lista de ingredientes para asegurarse de que son de buena calidad.

La mayoría de dulces sanos están hechos de frutos secos, frutas desecadas y semillas. Unos buenos ejemplos son la fruta fresca mezclada simplemente con frutos secos, o barritas de frutos secos, palitos de sésamo, barritas de frutas desecadas o halva, elaborado con semillas de sésamo molidas y miel. También hay el regaliz y la raíz seca de la misma planta que a algunos les encanta masticar. Es aconsejable que tus hijos coman este tipo de dulces, si es posible antes de que se habitúen a los dulces más comunes con un alto contenido en azúcar.

También es posible adquirir o elaborar polos de zumo de fruta natural que son mucho más sanos que los que contienen aromatizantes sintéticos y un elevado contenido en azúcar, y que los helados de productos lácteos llenos de aditivos y grasas de origen animal.

COMIDA PARA BEBÉS

Es asombrosamente fácil encontrar comida integral y vegetariana para bebés. Te gustará saber que en la actualidad se comercializa una gran variedad de comida biológica para bebés. Las distintas clases de leche para lactantes de buena calidad están hechas con leche de soja enriquecida. Muchos de los alimentos descritos en los apartados «Cereales para el desayuno» y «Las alubias» constituirán unos purés excelentes y adecuados para los bebés que empiezan a tomar alimentos sólidos, si se mezclan con verduras o purés y zumos de frutas. Los yogures y postres de soja también son adecuados para la mayoría de bebés. La idea de que les encantan los alimentos dulces viene de la opinión de los adultos, puesto que la mayoría de bebés se relamen con otras sanas alternativas y el hábito de comer alimentos sanos perdura si se adquiere a una temprana edad.

Hay quien opina que no es bueno que los bebés tomen demasiada leche de soja porque contiene fitoestrógenos, y éstos podrían bloquear, en teoría, la actividad de los estrógenos relacionada con el desarrollo sexual. Pero no hay ninguna prueba de que un bebé criado con leche de soja haya sufrido algún problema de este tipo.

LAS FRUTAS Y LAS VERDURAS

Hay demasiadas frutas y verduras como para intentar enumerarlas una a una, pero lo más importante, como ya he señalado, es adquirir productos regionales de temporada, y si es posible, que sean frescos y de cultivo ecológico. Una vez domines varias recetas básicas, amplía tus conocimientos y aprende a preparar platos al horno y a rellenar verduras como calabazas, berenjenas y pimientos. Y cuando te vuelvas más ambicioso, visita los supermercados chinos e indios, ya que en ellos encontrarás unos retos y sabores más excitantes.

La planificación del menú y la lista de la compra

Ahora que te has hecho una idea de la enorme variedad de productos que tienes a tu disposición, quizá te sientas preparado para comprometerte a cambiar de dieta a partir de ahora. O tal vez prefieras hacerlo poco a poco, por etapas.

Te describiré el proceso paso a paso para que te ayude a decidir exactamente hasta dónde deseas llegar, con qué ra-

pidez lo harás y qué ayuda necesitarás. El hecho de no poder hacer todos los cambios enseguida no te impide realizar
los que estás dispuesto a llevar a cabo.

PRIMER PASO: LAS DECISIONES QUE VAS A TOMAR

El primer paso es decidir hasta dónde deseas llegar, así pues,
te aconsejo que leas detenidamente la siguiente lista de preguntas y que las respondas:

1. ¿Voy a dejar de comer carne?
2. ¿Voy a dejar de comer pollo y carne de caza?
3. ¿Voy a dejar de comer pescado y marisco?
4. ¿Voy a dejar de consumir leche?
5. ¿Voy a dejar de consumir mantequilla?
6. ¿Voy a dejar de consumir yogures de productos lácteos?
7. ¿Voy a dejar de comer queso?
8. ¿Voy a dejar de consumir crema de leche?
9. ¿Voy a dejar de beber café?
10. ¿Voy a dejar de beber té?
11. ¿Voy a dejar de usar sal?
12. ¿Voy a dejar de usar azúcar?
13. ¿Voy a dejar de comer productos refinados y procesados?
14. ¿Me comprometo a consumir menos proteínas y menos grasas?
15. ¿Me comprometo a consumir más frutas, verduras, ce-reales y legumbres?
16. ¿Me comprometo a beber a diario agua de manantial de alguna fuente o embotellada?

SEGUNDO PASO: EL PLAN PRINCIPAL

Ahora te sugiero que escribas tus decisiones como un plan
positivo, es decir, por ejemplo, en respuesta a la pregunta 1:

«Voy a dejar de comer carne roja»; a la pregunta 2: «Voy a dejar de comer pollo», y así sucesivamente con toda la lista. De ese modo tendrás unos objetivos claros, tu intención de alcanzarlos se fortalecerá, y podrás irlos modificando cada varios meses a medida que el cambio te resulte más fácil de hacer y que tu intención se vuelva más fuerte. Incluso puede resultarte de ayuda leer tu intención de llevarlo a cabo cada varios días para fortalecer tu decisión.

TERCER PASO: EL APOYO

El siguiente paso es decidir cuánto apoyo vas a necesitar. En primer lugar te será útil mostrar las frases de tu «plan positivo» a tu familia, pareja o amigos, y ver si están decididos a adoptar también la nueva dieta. Si no es así, explícales la mejor manera en que pueden ayudarte y que no deben sabotear tu decisión. Si cocináis juntos, sugiéreles que no preparen su comida hasta que tú hayas cocinado la tuya, o que no compren productos que sean tentadores para ti hasta que te hayas adaptado por completo a tu nueva dieta. Mientras empiezas la nueva dieta tal vez ellos podrían también seguirla durante un tiempo o aprender a cocinar una o dos recetas de tu menú para que a ti te queden un par de noches libres a la semana. O quizá encuentres a alguna otra persona —un amigo, un colega o alguien que hayas conocido en un grupo de apoyo— que desee empezar también esta nueva dieta contigo.

La siguiente pregunta es si sientes que vas a necesitar, durante este período de transición, ver con regularidad a un psicólogo, un nutricionista o un médico, sobre todo si crees que comes compulsivamente o tiendes a usar la comida como un tranquilizante, o si hay algún factor médico o algún tratamiento que pueda afectar este proceso.

CUARTO PASO: LA ESTRATEGIA

Lo siguiente es decidir cómo vas a afrontar la nueva dieta. Muchas personas descubren que les resulta más fácil ir cambiando una comida cada vez, a lo mejor podrías cambiar primero el desayuno, luego el almuerzo y, por último, la cena. Pero si lo prefieres, puedes hacer el cambio de golpe; es importante que comuniques con claridad tus intenciones a quienes te rodean. También te resultará más fácil si antes de eliminar los productos poco sanos, vas añadiendo alimentos saludables a tu dieta. Por ejemplo, podrías empezar asegurándote de que comes varias piezas de fruta al día y de tomar verduras y ensaladas en el almuerzo y la cena. A continuación podrías incluir «productos integrales» reduciendo poco a poco los productos refinados y comiendo más cereales, semillas y legumbres y, finalmente, dejando de consumir carne, productos lácteos, sal y azúcar.

QUINTO PASO: ¡YA LLEVAS LA MITAD DEL CAMINO RECORRIDO!

El siguiente paso es identificar al máximo qué alimentos, platos y recetas conocidos te gustan, y cuáles encajan con tu plan dietético. No te olvides, por ejemplo, de que alimentos tan sencillos como judías asadas sobre una tostada, una sopa de lentejas, patatas al horno o gachas de avena con miel entran en esta categoría, así como la mayor parte de ensaladas, macedonias y muchos platos de pasta.

Te sorprenderás al descubrir cuántos productos veganos consumías y cuántas de tus recetas habituales se pueden «convertir» fácilmente si sustituyes el ingrediente de la carne. Por ejemplo, con PVT picada puedes hacer espaguetis con salsa boloñesa o un pastel campesino. Durante los primeros días también puedes comer hamburguesas vegetales con panecillos integrales, una guarnición y una ensalada, ¡para que cambiar de dieta no te resulte tan horrible!

Sexto paso: la planificación del menú

Ya he descrito el desayuno integral ideal compuesto de muesli, cereales o gachas de avena, compota o fruta fresca (como una macedonia) con yogur de soja; tostadas de pan integral o de pan de frutas untadas con margarina y mermelada pobre en azúcar y miel, frutos secos o germinados; acompañado de un zumo de frutas o un té de hierbas. De vez en cuando tal vez desees tomar un desayuno caliente compuesto de salchichas vegetales, setas, tomates asados y quizá un huevo.

Tendrás que decidir cuál será la comida principal del día. Como ya he comentado, es mejor que sea el almuerzo, pero a lo mejor tu vida laboral te lo impide. En ese caso, el almuerzo ideal sería una sopa vegetal de lentejas o alubias acompañada de una ensalada de verduras, alubias o arroz. Otra alternativa podría ser unos bien planeados y deliciosos sándwiches compuestos de algún paté vegetal, o hummus con una ensalada, aceitunas o aguacates. Tal vez prefieras empanadillas vegetales o pasta, o incluso un plato liviano como una ensalada de pasta. Y de postre podrías comer una fruta, un zumo de fruta o un postre de soja.

Para el plato principal tienes muchas opciones, para empezar podrías tomar un plato de verduras salteadas con arroz o algún otro cereal, un guiso o un estofado de alubias o lentejas, un plato de pasta (incluyendo la lasaña vegetal), carne picada vegetal con puré de patatas, currys o chiles vegetarianos, verduras al horno o quiches de hortalizas, empanadas, asados de frutos secos, risottos y, quizá de vez en cuando, pescado asado con verduras. También puedes comer comidas prácticas como empanadas o salchichas vegetales y platos parecidos.

Aprovisiónate bien para los desayunos y almuerzos yendo a comprar con regularidad cereales, frutos secos, mermeladas y verduras básicas para poder elaborar sopas y una buena variedad de ensaladas para el almuerzo. En algunos supermercados también es posible encontrar en la actualidad sopas de verduras caseras muy ricas. Elige sopas de lentejas, alubias o verduras ¡sin un alto contenido en crema o mantequilla! Antes de adoptar por completo la nueva dieta, te aconsejo que escribas una lista con al menos siete platos principales que ya sepas cocinar o que puedas aprender a hacerlos. Cuando hayas aprendido a preparar siete recetas de platos principales, ya tendrás posiblemente la habilidad mínima para cambiar de dieta.

Tal vez desees conocer las vitaminas y minerales que contienen determinados alimentos para planear tus comidas con el máximo cuidado. La siguiente tabla te ayudará a tenerlos presente:

A (Retinol y betacaroteno)	Protege contra las infecciones, antioxidante, refuerza el sistema inmunológico, protege contra muchas clases de cáncer	zanahoria, berro, col, calabacita, boniato, melón, calabaza, tomate, bróculi, albaricoque, papaya
B (Ergocalciferol)	Ayuda a mantener los huesos fuertes y sanos al retener el calcio	arenque, caballa, salmón, otros pescados, huevos
E (D-alfa tocoferol)	Antioxidante, protege las células para que no se dañen, incluso del cáncer; ayuda al cuerpo a usar el oxígeno, previene la formación de coágulos, contribuye a la curación de las heridas, es buena para la piel	aceites vegetales sin refinar, semillas, frutos secos, alubias, guisantes, germen de trigo, cereales integrales, pescado azul, atún, caballa, salmón, boniato

K (Filoquinona)	Controla la coagulación de la sangre	coliflor, col de Bruselas, lechuga, col, alubias, bróculi, guisantes, berros, espárragos, patata, tomate
C (Ácido ascórbico)	Refuerza el sistema inmunitario, combate las infecciones, produce colágeno (mantiene los huesos, la piel y las articulaciones firmes y fuertes), antioxidante (limpia las sustancias contaminantes y protege contra el cáncer y las enfermedades coronarias), ayuda a fabricar hormonas antiestrés y a transformar la comida en energía	pimiento rojo, berros, col, bróculi, coliflor, fresa, limón, guisantes, melón, naranja, uva, lima, tomate
B$_1$ (Tiamina)	Esencial para la producción de energía, la función cerebral y la digestión, ayuda al cuerpo a usar las proteínas	berro, calabacita, calabacín, espárrago, setas, guisantes, lechuga, pimiento rojo, coliflor, col, tomate, col de Bruselas, alubias
B$_3$ (Niacina)	Ayuda a regular el azúcar en la sangre y a bajar los niveles de colesterol, también está implicada en las inflamaciones y en la digestión	setas, atún, salmón, espárragos, col, arenque, tomate, calabacita, calabacín, coliflor y cereales integrales

B_6 (Piridoxina)	Esencial para la digestión y la utilización de las proteínas, la función cerebral y la producción hormonal; antidepresivo natural y diurético, ayuda a controlar las reacciones alérgicas	berros, coliflor, col, pimiento, plátano, calabacita, bróculi, espárragos, lentejas, col de Bruselas, cebollas, semillas y frutos secos
B_{12} (Cianocobalamina)	Necesaria para usar las proteínas, ayuda a la sangre a transportar el oxígeno, esencial para los nervios, desintoxica del humo del tabaco y de otras sustancias tóxicas	pescado, ostras, sardinas, atún, huevos, gambas

SÉPTIMO PASO: LA LISTA DE LA COMPRA

La vida te resultará mucho más fácil si elaboras una lista básica para la compra y la pegas en la pared de la cocina, así cuando anotes las cosas que necesitas comprar sólo tendrás que echarle un vistazo. Cuando hemos estado cocinando unos determinados platos durante mucho tiempo, tenemos en la mente una lista de la compra que, como es natural, es totalmente distinta a la de ahora. Puede que también desees crear una lista con los productos que «no has de comprar» y pegarla junto a la otra para reforzar tus buenas intenciones. Aunque cada vez se vendan más productos veganos en los supermercados más importantes, te sugiero que dediques un poco de tiempo a visitar las mejores tiendas de alimentación natural de la zona donde vives. Si nunca has visitado alguna, seguramente te sorprenderá ver la gran selección de productos que tienen, y esta escena contrastará muchísimo con la experiencia de dar vueltas y más vueltas en un supermercado buscando productos de alimentación natural entre cientos de otros productos que no se ajustan a tu sano plan dietético.

Puedes usar la siguiente lista como «lista básica» de cada semana para ver qué es lo que necesitas comprar:

Pan integral biológico
Pan de frutas
Galletas saladas, pan tostado, galletas de centeno, arroz o avena
Galletas integrales
Pastel integral
Leche de soja
Yogur de soja
Postre de soja
Huevos biológicos
Margarina
Aceite (de oliva, cacahuete o aceites especiales de frutos secos)
Té: té Earl Grey descafeinado, tisanas, té de frutas, bio-bebidas de cereales como *Bambú* y *Biogra*
Agua mineral
Zumo de frutas
Compota (sin azúcar)
Mermelada (sin azúcar)
Miel
Tahini
Mantequilla de cacahuete
Hummus
Patés vegetales o pastas de untar
Harinas integrales
Arroz integral
Lentejas

Alubias

Cereales

Copos de avena (normales o grandes)

Muesli (muesli natural sin edulcorar de las tiendas de
    alimentación natural)

Frutos secos

Semillas

Frutas desecadas

Pasta (seca o recién hecha)

Fideos

Salsas para la pasta

Encurtidos (con moderación)

Mostaza

Mayonesa

Vinagre (incluido vinagre balsámico, de frutas o de
    manzana)

Salsa de chiles

Salsa de soja

Salsas chinas (como la de pasta de soja amarilla o negra)

Miso

Caldo vegetal deshidratado con un bajo contenido en sal

Pimienta negra en grano

Hierbas y especias

Ajo y jengibre

Puré de tomate

Puré de castañas

Crema de coco

Tomates envasados

Alubias rojas o de otro tipo envasadas

Maíz fresco envasado

Verduras: de hojas y tubérculos

Lechuga

Frutas

Tofu

Quorn picado, para estofar o en forma de «salchicha»
PVT en forma de salchicha o de beicon
PVT picada, para estofar o en forma de «salchicha»
Pescado
Sopas preparadas
Pasteles, pastelitos y postres horneados preparados

Las comidas ideales

He mencionado una y otra vez que hemos de cambiar nuestra idea occidental de basar nuestras comidas en un montón de proteínas. ¿En qué consiste la comida ideal?

Intenta pensar en la dieta que los chinos y los indios siguen. Cocinan pequeñas cantidades de proteínas en salsas y luego las sirven con generosas cantidades de arroz, panes y verduras. Lo más importante es asegurarte de que la principal ración que consumes en cada comida esté formada por una mezcla de hidratos de carbono y de verduras o frutas. En general, los hidratos de carbono han de constituir el 40 por ciento de cada comida; las verduras, otro 40 por ciento; las proteínas un 10-15 por ciento y las grasas un 5 por ciento. Por ejemplo, un menú ideal sería un plato de alubias con salsa de tomate o salsa de verduras servidas sobre una base de arroz, y una abundante ensalada. O bien verduras salteadas acompañadas de arroz integral y tofu estofado o Quorn salteado. Un pilau de arroz con frutos secos, acompañado de un curry de verduras y dahl también es un menú muy equilibrado; o bien una sopa, una ensalada con hummus y pan integral.

No tardarás en descubrir que al comer de ese modo no te sientes hinchado ni tienes náuseas después de comer, ni experimentas subidas o caídas de energía como cuando consumías productos refinados, porque la energía que te aporta este tipo de comida es de buena calidad y duradera al digerirse durante varias horas. Poco a poco te irás sintiendo más fuerte y sano, y mucho más despejado.

El horario de las comidas

Haz todo lo posible por adquirir el hábito de tomar tres comidas al día y, si es posible, de ingerir la comida principal en el almuerzo. Resérvate tiempo para las comidas, así podrás comer despacio y disfrutar de ellas y, después de comer, dedica sobre todo un rato a hacer la digestión tranquilamente. Intenta no cenar más tarde de las nueve, para que al ir a acostarte hayas tenido tiempo de digerir la comida.

Cómo preparar la comida rápidamente

La razón por la que a muchas personas les cuesta ser veganos o vegetarianos es por el tiempo que tardarían en preparar las comidas. Te aseguro que una vez adquieras el hábito de comer de ese modo, prepararás los platos con la misma rapidez que antes. Sin embargo, hay algunos consejos que te ayudarán.

En primer lugar es muy práctico tener alubias y arroz ya cocidos en la nevera. Cuando cocines arroz o alubias, cocina más cantidad de la que necesites y rocía la que te quede con un chorrito de aceite de oliva. Más tarde te servirá para preparar una rápida ensalada, sólo tienes que añadir al arroz trocitos de manzana, maíz fresco, pimientos rojos o verdes, cebollas, etc., o un poco de cebolla, ajo, perejil y tomate a las alubias. Y si lo aliñas con una vinagreta de aceite y vinagre, tendrás una comida sabrosa y rápida.

También puedes volver a calentar las alubias o el arroz para preparar estofados (las alubias) o arroz frito. Sólo necesitas hacer una salsa con cebollas, tomates, ajo, puré de tomates y hierbas y agregar las alubias. Así habrás preparado una comida principal en el tiempo que tardas en cocinar el arroz. También puedes usar una lata de alubias en salsa de tomate porque resulta muy práctica, o congelar el arroz y las alubias para usarlos más tarde con este fin o hacer grandes cantidades de estofados de alubias, currys de verduras y salsas para la pasta y congelarlas.

Pero me gustaría recalcar de nuevo que el congelador no ha de usarse para conservar los alimentos durante mucho tiempo, porque la calidad de los mismos se deteriora. Intenta consumirlos antes de que haga tres semanas de haberlos congelado. Y si es posible, consúmelos recién preparados, son mucho más sanos.

Un robot de cocina te ahorrará el tiempo que tardarías en cortar las verduras de la ensalada y si guardas un bote de vinagreta en la nevera podrás preparar una comida en un momento. En los supermercados más importantes también venden ensaladas preparadas, pero salen más caras que las caseras.

Los platos de pasta se hacen en 10 o 15 minutos si usas, por ejemplo, una salsa de tomate preparada. Mientras la pasta hierve, puedes preparar una ensalada, sacar la vinagreta de la nevera y aliñarla. También es una buena idea preparar una olla grande de sopa una o dos veces a la semana. Para realzar el sabor, échale un poquito de caldo vegetal en polvo. Otra buena idea es reducir a puré la mitad del contenido de la sopa con el robot de cocina o la batidora y volver a echarlo a la olla, dejando el resto de las verduras sin triturar. Así tendrás una sopa de una agradable textura cremosa que contendrá también verduras troceadas, ya que si trituras todo el contenido a veces se vuelve demasiada espesa y pesada.

Las más fáciles de preparar son la sopa de lentejas (hecha de lentejas rojas, cebollas y tomates), la sopa de puerros y patatas (vichyssoise) y la de cebolla. Estas tres sopas son muy sencillas y absolutamente deliciosas. Si preparas una generosa cantidad de alguna sopa, podrás guardarla en la nevera o en el congelador y te servirá para dos o tres comidas, sólo necesitarás volver a calentarla, y además las sopas y los estofados al día siguiente saben mejor.

LA TENTACIÓN DE PICAR ENTRE HORAS

El segundo factor que acaba con los intentos de mucha gente de ser vegetariano es la tentación de picar entre horas. Los productos que suelen tomar son queso y crackers, galletas dulces, pasteles, chips, salami, patés cárnicos y chocolate. Este síndrome se debe en parte a que, como ya he explicado, al consumir alimentos inadecuados los niveles de azúcar en la sangre suben o bajan de una forma muy pronunciada creando el deseo de picar o de atiborrarse entre horas. Con lo que podemos acabar fácilmente ingiriendo el doble de calorías de las que se requieren a diario, ganando demasiado peso en el proceso y sintiéndonos además siempre cansados.

Sin embargo, como nunca vamos a superar el deseo de picar entre horas es mejor estar preparados con tentadores aperitivos bio en vez de volver a caer en los viejos hábitos.

Los aperitivos ideales son galletas de centeno o avena con hummus o paté vegetal, paté de levadura, paté de aceitunas o paté de albahaca. Un buen surtido de aceitunas de la mejor calidad o un puñado de deliciosos frutos secos y semillas también es una buena idea. Lo ideal sería comer algunos pistachos, piñones, cacahuetes, anacardos o macadamias; las semillas de girasol tostadas con tamari también son un aperitivo excelente. Hay quien prefiere una mezcla de frutas desecadas y frutos secos, como cacahuetes con pasas y sultanas. Las frutas desecadas son ya de por sí un buen aperitivo: las mejores son los higos secos, el melocotón desecado y los orejones.

Hay una gran cantidad de chips o nachos bio hechos básicamente de harina de trigo y agua, pero lee la lista de ingredientes para asegurarte de no estar comprando productos llenos de aditivos y sal. La otra solución es cortar verduras crudas como pimiento rojo, apio o zanahoria en forma de bastoncitos para mojarlos en alguna pasta como el *hummus* o el puré vegetal. Lo más importante es ser previsor y estar preparado, teniendo siempre en la nevera o en la despensa algo ¡para picar cuando tengas la tentación!

CONSEJOS PRÁCTICOS PARA LA FAMILIA

Si vives con tu familia, la edad de los miembros de la misma será muy decisiva en cuanto a si desean aceptar una dieta vegana. En la actualidad muchos adolescentes deciden ser vegetarianos por la extensa información que escuchan en la escuela o en la televisión sobre temas medioambientales. Pero, por otro lado, hay muchos adolescentes que tienen muy claro que desean comer carne y que no están dispuestos a cambiar de hábito ni a hacer sobre todo lo mismo que sus padres. En general, si son lo bastante mayores como para expresarse con tanta claridad, también lo serán probablemente para colaborar un poco y prepararse la comida, y te recomiendo de todo corazón que te desprendas un poco de tu papel de cocinero y permitas que se preparen sus propias comidas. A los niños pequeños, en cambio, suelen gustarles platos como el puré de alubias o de verduras, y yogures y postres de soja. Los más difíciles de contentar son los niños de 5 a 13 años, que están en medio de esos dos extremos, porque son sumamente rígidos en sus hábitos alimenticios y están muy influenciados por sus compañeros. Con este grupo la clave está en hacer que todo parezca tan «normal» como siempre y en este caso es cuando las salchichas, la carne picada, la carne de estofar y las empanadas vegetales hechas de PVT valen su peso en oro.

Siempre es aconsejable hacer los cambios de la forma más lenta e imperceptible posible y resistirte a la tentación de sermonear a tus hijos sobre lo que es bueno para ellos, ya que lo único que conseguirás será ¡que se resistan cabezudamente a todos tus esfuerzos! Por suerte, hoy en día los medios de comunicación fomentan cada vez más una alimentación sana. Pero la comida de los colegios todavía está en la prehistoria; vale la pena intentar cambiar la política alimenticia del colegio de tus hijos haciendo un poco de presión en las reuniones de padres o en los consejos directivos. Y si tu hijo se lleva al colegio la comida hecha en casa, ¡tanto mejor!

LA VARIEDAD Y LOS PRODUCTOS DE TEMPORADA

Cuando ya sepas preparar siete recetas de platos principales y estés listo para empezar tu estilo de vida vegano, tu objetivo debe ser ir probando la variedad de productos y diversificarlos. Es muy importante, tanto a nivel nutritivo como para tu propia creatividad, que sigas explorando y probando nuevos productos y consumiendo una buea variedad de alimentos que te aseguren que estás siguiendo una dieta equilibrada a nivel nutritivo. También es aconsejable cambiar los hábitos alimenticios según las estaciones y comer los productos de temporada, ya que los alimentos frescos contienen muchos más nutrientes y vitalidad, y además saben mejor. Las otras ventajas de comprar productos de temporada es que serán más baratos y que al ir variándolos no te hartarás de ninguno.

Sé poco a poco cada vez más atrevido y experimenta con colores, sabores y nuevas técnicas, con hierbas, especias y productos de distintas culturas, descubrirás que cocinar de ese modo es sumamente excitante y gratificante, al tiempo que te hará sentir incluso más feliz y saludable que antes, y realmente a gusto en tu cuerpo.

El estrés y el «fracaso»

El enfoque holístico para prevenir el cáncer gira ante todo en torno a reducir el estrés y a aumentar nuestra felicidad, plenitud y placer.

Es muy fácil creer que cambiar de dieta y abandonar muchos de los alimentos preferidos es precisamente lo opuesto a este principio. También hay, sin duda, el riesgo de que a aquellos de vosotros a los que os aterra la idea de tener un cáncer os aferréis a estos consejos dietéticos de una manera rígida y obsesiva, y os estreséis enormemente si tenéis un desliz o si sois incapaces de mantener esta dieta sana. Lo primordial es recordar que nuestra forma de comer no es más que una parte de la historia y que lo más importante es ser benévolos con nosotros mismos. Si te resulta difícil adoptar una dieta más sana es porque te estás exigiendo demasiado o porque quizá no dispones aún del suficiente apoyo o información para hacer un cambio repentino e importante en tu dieta y en tus hábitos alimenticios. Tal vez haya un factor emocional o de estrés que necesites resolver primero. Recuerda que es mejor empezar haciendo pequeños cambios que intentar transformar por completo tus hábitos alimenticios de la noche a la mañana y fracasar.

La piedra angular del proceso es, como ocurre en cualquier otro ámbito de la vida, tener la esencial intención de adoptar unos hábitos alimenticios más sanos. Algunos lo consiguen en pocas semanas y otros, al cabo de años. A una sabia amiga mía le preguntaron sobre el proceso de generar una intención: «¿De qué forma el hecho de visualizar 10 minutos al día cómo me gustaría que fueran las cosas puede influir en las otras estupideces que estoy pensando durante las 23 horas y 50 minutos restantes?». A lo que ella replicó: «Si un perro capta el olorcillo de algo bueno que le trae el viento y dirige el hocico hacia esa dirección, el resto del cuerpo le seguirá ineludiblemente». Con nuestras buenas intenciones ocurre lo mismo. Si relees tus nuevas decisiones dietéticas cada varias semanas y consolidas las decisiones tomadas, te aseguro que irás poco a poco cambiando de dieta.

La otra cosa que debes recordar con relación a la nutrición es que aquello que marcará la diferencia es lo que comes la mayor parte del tiempo, o sea que un desliz ocasional en tu dieta no significa que hayas fracasado. Lo que de veras te parecerá interesante es que si una noche decides comer un bistec con patatas chips y un pastel con nata después de haber seguido una dieta a base de productos integrales durante una temporada, verás con claridad meridiana cómo este tipo de comida afecta a tu cuerpo mientras éste intenta afrontar una vez más el estrés fisiológico que le produce el tener que digerir ¡montones de proteínas, grasas y azúcares! Esa ocasional comilona en el fondo habrá sido muy positiva, porque te habrá mostrado los beneficios de tu nueva forma de comer.

Hablando en serio, sé indulgente contigo mismo y no te «tortures» si te has desviado de tu camino durante algunos días. Cuando descubras que te ha ocurrido, intenta recibir más ayuda o más apoyo, ve a ver al nutricionista de nuevo para que te siga animando, o repite el proceso de establecer un plan que sea más realista y más simple, así podrás cumplirlo. Al ir repitiendo este proceso cada dos o tres meses, acabarás adoptando la perfecta dieta que tu cuerpo necesita.

Capítulo 4

La alimentación como terapia

La relación entre la alimentación y la salud puede verse a lo largo de un espectro, con la alimentación sana (importante para todos) en un extremo del mismo y la alimentación como medicina o terapia, en el otro.

Cuando la alimentación se usa como terapia y se recomienda una dieta muy concreta, que suele ser muy rígida para eliminar las toxinas del cuerpo, el nivel de energía aumenta de una forma increíble, se corrigen los desequilibrios internos del organismo y desaparecen los desequilibrios nutritivos al reemplazar la deficiencia de vitaminas, minerales u otros nutrientes, o al utilizar un alimento, vitamina, mineral o nutriente determinado como una medicina en sí mismos.

La otra clase de terapia alimenticia son las dietas excluyentes, que consisten en retirar una serie de alimentos, en vez de añadirlos, para averiguar si estaban irritando el organismo de una persona o provocándole una reacción alérgica.

La alimentación es probablemente la medicina más antigua que existe. Los seres humanos de cualquier cultura han conocido siempre la relación entre lo que uno come, lo que uno siente, la aparición de algún trastorno y cómo éste se puede curar. Por lo que resulta más sorprendente si cabe el hecho de que la medicina occidental moderna haya prácticamente ignorado el importante papel desempeñado por la medicina nutricional.

Lo esencial es que el rendimiento del cuerpo, al igual que ocurre con cualquier máquina de alto rendimiento, se ve directamente afectado por el combustible con el que lo alimentamos. Nuestro cuerpo nos dice de diversas formas cuándo los alimentos que comemos no están cubriendo nuestras necesidades nutritivas a través del estado de la piel, del cabello y de las uñas, del nivel de energía, de la dificultad para evacuar, y de síntomas como náuseas, irritabilidad, un estómago delicado, palpitaciones, reacciones alérgicas y de muchas otras formas.

Hay dos problemas fundamentales: uno de ellos es que las personas con una gran fuerza de voluntad o determinación, o tal vez con un espíritu estoico, suelen ignorar de forma habitual las señales procedentes del cuerpo que les avisan de que no se encuentra bien. Este hecho, unido a la gran ignorancia que existe en la profesión médica sobre los síntomas de los desequilibrios nutritivos y de una pobre dieta, y a la tendencia a tratar esos problemas con fármacos y procedimientos que a menudo no hacen más que empeorar la situación, hace que con frecuencia el origen del problema no llegue a descubrirse, en algunos casos, ¡en toda la vida!

Aparte del desequilibrio y de la deficiencia nutricional, hay también el creciente problema de las alergias, porque los alimentos se han vuelto más complejos, procesados y transformados que antes a causa de los procesos de cocción y de conservación. Cuando este problema se combina con la absorción de muchas otras sustancias químicas tóxicas procedentes del entorno y con el extremo estrés del cuerpo y el deficiente funcionamiento crónico del sistema digestivo, se desarrollan todo tipo de problemas y patologías, incluyendo muchas de las enfermedades autoinmunitarias, afecciones alérgicas, cánceres y enfermedades arteriales.

La terapia nutricional

Un buen nutricionista cualificado se ha preparado para interpretar los signos y las señales que el cuerpo nos está dando y para indicarte exactamente las deficiencias de tu dieta, si estás experimentando o no síntomas alérgicos y problemas digestivos, o incluso si tienes una infección en el intestino causada por *Candida albicans* (un hongo) como resultado de tu forma de comer. También podrá darte la información y el apoyo necesarios para cambiar de dieta a fin de que tu organismo recupere de nuevo el equilibrio. Este método se puede respaldar con un análisis de sangre, y con muestras de sudor y del cabello, para determinar los niveles de minerales y vitaminas en tu cuerpo. De ese modo el progreso que realizas se va controlando con regularidad. Los análisis de sangre y sudor te ofrecerán una idea muy completa y actualizada de cómo tu cuerpo está afrontando la situación, y los análisis de las muestras del cabello te darán una idea un poco más histórica de lo que se ha o no establecido durante las semanas previas.

En la unidad medioambiental de algunos hospitales también pueden medir los niveles de sustancias contaminantes que hay en tu cuerpo, por ejemplo, metales pesados, residuos de productos petroquímicos y de gasolina, derivados de insecticidas y abonos químicos, etc. En realidad, es posible «limpiar» las sustancias tóxicas contaminantes que hay en la sangre administrando por goteo vitamina C. Otro método es la terapia de quelación, que consiste en administrar por vía intravenosa unas sustancias químicas inocuas que «atrapan» a esas toxinas y luego se eliminan a través de la orina. La terapia de quelación se conoce sobre todo por mejorar la arteriosclerosis o el engrosamiento de las paredes arteriales causado por el excesivo consumo de grasas y los elevados niveles de estrés.

La desintoxicación

Muchos procesos dietéticos terapéuticos se inician con una desintoxicación o dieta «de limpieza general». Usando de nuevo la simple analogía de una máquina, si descubrieras que la gasolina que estás poniendo en tu coche está llena de sedimentos y sustancias contaminantes, lo primero que harías sería vaciar el depósito o limpiar el motor.

El cuerpo tiene tres formas de afrontar los excesos dietéticos y las impurezas: metabolizarlos (descomponerlos), eliminarlos o depositarlos en los tejidos. Cuando el proceso excretor ya no da abasto, los excesos se van depositando y el tejido adiposo y los tejidos del organismo se llenan de sustancias químicas contaminantes y de residuos metabólicos medio digeridos.

El proceso de desintoxicación suele girar en torno a detener o reducir la alimentación que recibe el cuerpo durante un tiempo que puede variar de un día a seis semanas como máximo, para que el cuerpo pueda completar los procesos metabólico y excretor que habría llevado a cabo si no hubiera sido bombardeado continuamente ¡con más excesos e impurezas! De ahí que para algunas personas desintoxicar el organismo con regularidad forme parte de su estilo de vida. La más famosa de ellas fue Coco Chanel, que cada domingo tomaba sólo frutas y agua de manantial para limpiar su cuerpo y sometía a su luminosa belleza a esta práctica con regularidad. Si ingerimos una dieta equilibrada de forma habitual, no necesitaremos desintoxicarnos con regularidad, pero a menudo cuando se han seguido unos pobres hábitos alimenticios durante mucho tiempo o cuando una enfermedad parece estar relacionada con la dieta que una persona ha estado siguiendo, la desintoxicación puede ser un buen punto de partida para dar al cuerpo la mejor oportunidad de recuperar el equilibrio.

Hay todo tipo de dietas desintoxicantes y de ayunos, que van desde tomar sólo agua de manantial o zumo de frutas, hasta alimentarse únicamente a base de zumo de frutas y frutas. Otras consisten en ingerir sólo arroz integral, al considerar que este tipo de dieta es menos estresante para el cuerpo (ya que aporta al sistema una constante provisión de energía, hidratos de carbono y vitaminas). En los métodos más rigurosos consistentes en beber sólo agua y zumo de frutas, uno no sólo limpia su cuerpo sino que además le obliga a pasar hambre, lo cual tiene otras implicaciones médicas y hace que el organismo se aferre a cosas en lugar de desembarazarse de ellas.

En algunos regímenes se recomiendan los enemas de café para acelerar el proceso de desintoxicación, ya que se ha descubierto que ello aumenta significativamente las funciones excretoras del hígado. Es evidente que a quienes emplean este sistema ¡les brillan los ojos y se les aclara la piel! Esta práctica ha sido ridiculizada, pero todos cuantos la han llevado a cabo la elogian unánimemente.

LA IRRIGACIÓN COLÓNICA

Otra forma muy mecánica de desintoxicar el cuerpo es la práctica de la irrigación colónica, que consiste en introducir en los intestinos una solución normal salina tibia e inundarlos literalmente con ella. Circulan muchas historias extraordinarias sobre el asombroso material que se ha llegado a extraer con este sistema cuando los intestinos han estado sufriendo durante años una dieta baja en fibra. Este material de desecho, al igual que ocurre con las arterias, se va fijando en las paredes del intestino e inhibe significativamente su función.

NOTA DE ADVERTENCIA

Como ayunar y desintoxicar el cuerpo son unos procesos estresantes, lo ideal es realizarlos bajo supervisión médica. A veces los regímenes de desintoxicación provocan lo que se conoce como «crisis curativa». Ésta sucede cuando cesa la entrada de toxinas. Las toxinas pueden salir a raudales de los tejidos y volver al torrente sanguíneo, con lo que se crea temporalmente un desagradable estado tóxico que exacerba los síntomas durante un tiempo, a veces de una forma impresionante, de modo que lo ideal es disponer de un médico experimentado que pueda ayudarte si es necesario. Ayunar no es adecuado si te sientes débil, lleno de toxinas y vulnerable por la enfermedad que padeces o el tratamiento que estás recibiendo. Por desgracia, la desintoxicación suele llevarse a cabo como un último intento desesperado cuando uno ya no se encuentra bien. Antes de dar este paso es aconsejable que tu estado se haya estabilizado de una manera razonable.

LA SIMPLE DIETA DE UNA LIMPIEZA GENERAL

Después de haberte hecho todas estas advertencias, he de decir que hay un camino medio comúnmente conocido como «limpieza general», que consiste en seguir una dieta muy depurativa y sencilla (compuesta principalmente por zumos de frutas recién hechos, frutas crudas, verduras y ensaladas, arroz integral, cereales y verduras cocidas ligeramente al vapor) durante dos o tres meses. Así, sin pasar hambre ni sufrir fuertes crisis de desintoxicación, conseguirás limpiar con gran rapidez tu organismo y te sentirás realmente bien.

LAS DIETAS DESINTOXICANTES ESPECÍFICAS PARA EL CÁNCER

Hay muchas clases de dietas desintoxicantes concebidas especialmente para fomentar el proceso curativo en las personas a las que se les ha diagnosticado un cáncer. Las más famosas son la dieta Gerson, la dieta Breuss de zumos de frutas, el régimen Kelly, la dieta de la uva, la dieta del Dr. Moerman y la dieta Bristol del Dr. Alec Forbes. En la dieta Gerson se combinan alimentos integrales de excelente calidad, de cultivo ecológico y veganos, con zumos de frutas y verduras recién hechos y enemas de café diarios. Además de desintoxicar el organismo, el objetivo general de este método es corregir el desequilibrio sodio-potasio del cuerpo consumiendo una dieta muy baja en sodio y alta en potasio para reestablecer la vitalidad natural y «la polarización eléctrica» de las células. Recientemente han aparecido pruebas a favor de este enfoque teórico, ya que se ha descubierto que la polarización eléctrica o «el potencial de transmembrana» de las células sanas es mucho más elevado que el de las células cancerosas. *(Véase el glosario para una información más detallada sobre la polarización eléctrica y el potencial de transmembrana).*

Cómo incrementar el nivel de energía con los alimentos crudos

Todos los antiguos sistemas médicos complementarios y las formas de ejercicio físico, como son la acupuntura, el shiatsu, la homeopatía, el yoga y el tai chi, se basan en la idea de que tenemos una fuerza vital o sistema energético que es fuerte y equilibrado cuando gozamos de buena salud; y débil y desequilibrado cuando no estamos sanos. Una de las formas en que nuestra fuerza vital se va minando de manera crónica es comiendo alimentos que están muy desvitalizados por las técnicas de cultivo intensivo, almacenamiento, cocción y procesamiento. Es evidente que llenar el cuerpo con alimentos crudos que sean muy frescos y vivos puede incrementar significativamente el nivel de energía y mejorar el funcionamiento de los tejidos. Este aumento de la energía se crea porque los alimentos crudos y frescos tienen el nivel más alto de vitaminas, enzimas y componentes fitoquímicos, ya que los alimentos cocinados se desnaturalizan en el proceso de calentamiento y de almacenamiento. Ésta es la filosofía subyacente en los libros de recetas a base de alimentos crudos de Leslie Kenton, en la dieta de Ann Wigmore a base de alimentos vivos y en los métodos que consisten en beber zumo de hierba de trigo fresca y en consumir, al mismo tiempo, una dieta compuesta principalmente de alimentos crudos (como en la dieta de Hipócrates).

Todos estos métodos se basan en que las frutas y verduras crudas (enteras o en zumo) formen una parte muy importante de la dieta. Cualquier persona que los haya probado te dirá que en muy poco tiempo se ha sentido de maravilla (siempre que no estuviera demasiado débil, enferma o delgada antes de empezar el proceso). Como al seguir esta dieta es posible que también pierdas peso rápidamente, es muy importante que incluya suficientes proteínas, hidratos de carbono y grasas si vas a adoptar una dieta natural que incremente el nivel de energía basada principalmente en alimentos crudos.

Cómo corregir los desequilibrios nutricionales

Aunque haya unas reglas y directrices nutricionales generales para alimentarse de una manera sana, en el campo de la nutrición es donde más claro queda que cada individuo es único. Los alimentos y regímenes adecuados para una persona, son inadecuados para otra. En realidad, para algunos la intolerancia dietética que les producen determinados alimentos y la irritación que les causa en la mucosa del intestino puede ser lo suficientemente grave como para iniciar un cáncer. Como ya he señalado antes, muchas enfermedades y afecciones pueden tener un fuerte componente nutricional, así que si crees que tu trastorno está relacionado con la comida, como en el caso de alergias o problemas digestivos, es muy importante que pidas consejo a un nutricionista.

LA DIETA DEL HENO

Muchas personas han experimentado una mejoría en los problemas crónicos digestivos, de acidez o de absorción que padecían al adoptar alguna variación de la dieta del heno. Esta dieta «que combina alimentos» pone el acento en ingerir en cada comida sólo proteínas o féculas con la ensalada o las verduras. Es bastante compleja de seguir, pero se han publicado unos libros excelentes sobre ella que te servirán de guía; igualmente, ha fomentado en gran medida el bienestar y contribuido muchísimo a reducir los síntomas de enfermedades que abarcan desde una artritis ¡hasta una angina de pecho!

LAS DIETAS ANTICANDIDA

Las dietas para erradicar la *candida* (las aftas) de los intestinos intentan siempre reducir el consumo de azúcar refinado, alcohol y a veces de levadura. En algunas ocasiones también se recomienda al paciente tomar ácido caprílico o algún otro preparado antimicótico. Esta afección que suele pasar desapercibida puede crear un gran malestar, fatiga y aturdimiento, así como hinchazón abdominal. Recibir tratamiento para esta afección es como encender la luz ¡después de haber estado a oscuras durante mucho tiempo!

DIETAS ANTIALÉRGICAS

Las alergias o la sensibilidad especial ante determinados alimentos y sustancias tóxicas del ambiente son otra fuente de toda una gama de diversos síntomas. Siempre es una buena idea eliminar de tu dieta cualquier alimento que te cause alergia para no agotar tu energía o hacer que la atención de tu sistema inmunológico se desvíe para afrontar el alergeno perturbador. Un nutricionista puede ayudarte a establecer con exactitud los alimentos a los que tu cuerpo es especialmente sensible.

Cómo corregir los desequilibrios energéticos

Además de los sistemas terapéuticos y físicos orientales relacionados con el equilibrio o el desequilibrio energético del cuerpo, hay un método dietético que también actúa a este nivel: la macrobiótica. En los sistemas de medicina complementaria basados en la función energética del cuerpo, se considera que la energía tiene un polo positivo y un polo negativo, al igual que un circuito eléctrico. En la macrobiótica hay dos cualidades opuestas conocidas como *yin* y *yang*. Los alimentos yin son más dulces y ligeros, y los yang, más pesados, como la carne, los huevos y el queso.

Para un individuo sano, lo ideal es consumir una dieta en la que los elementos yin y yang estén completamente equilibrados, es decir, que para él no hay alimentos «prohibidos». Sin embargo, para equilibrar el hecho de haber comido un bistec de 400 g tendrías que comer probablemente ¡medio saco de arroz integral! De nuevo vemos que la pauta básica consiste en concentrarse en alimentos que estén en medio de esos dos extremos, es decir: frutas, verduras, sopas, granos y cereales, en una proporción de:

un 50-60 por ciento de granos y cereales
un 25-30 por ciento de verduras y frutas
un 5-10 por ciento de proteínas como alubias y productos a base de soja
un 5 por ciento de sopas

Esta proporción se aproxima muchísimo a las directrices actuales para seguir una alimentación sana presentadas por los expertos en nutrición occidentales, ya que han comprendido que en la dieta hay que consumir más fibras, frutas y verduras y unas cantidades no demasiado altas de grasas, proteínas, sal o azúcares.

Sin embargo, un dietista macrobiótico intentaría corregir el desequilibrio de la energía, o *chi*, de una persona enferma, recomendándole una dieta macrobiótica individual, en este caso la dieta macrobiótica se usa, sin duda, como una medicina o terapia.

En la macrobiótica ha habido, al igual que en todos los otros métodos dietéticos, notables éxitos —y notables fracasos—, por lo tanto, antes de adoptar este tipo de dieta debes disponer de los consejos de un experto, de una clara información y de un buen apoyo.

La alimentación como medicina

El uso de la alimentación como medicina pertenece al campo general de la *naturopatía*. La naturopatía es un sistema de medicina muy antiguo, elegante y eficiente. Muchos alimentos se conocen por tener grandes propiedades medicinales que afectan a nuestros estados de ánimo, al ritmo cardiaco y la vitalidad, a los procesos digestivos, al funcionamiento del hígado, a la acidez o alcalinidad de los tejidos y la capacidad curativa de la piel; en realidad, afectan a las funciones de nuestro organismo a cualquier nivel.

En la última década se ha llevado a cabo una gran cantidad de apasionantes investigaciones médicas sobre el posible papel de determinados alimentos en la prevención y el tratamiento del cáncer. Algunas de las investigaciones más prometedoras se han realizado sobre las verduras de hoja verde y el bróculi; sobre las verduras de color amarillo y naranja, como los pimientos amarillos y las zanahorias; sobre las cebollas y sobre los productos a base de soja. Se ha descubierto que las coles y el bróculi (y otras plantas del género Brassica) contienen un componente anticancerígeno llamado *indol-glucosinato*. Puede conseguirse en tabletas como *indol-3-carbinol*. Ejerce un efecto anticancerígeno directo y, al mismo tiempo, un efecto anticancerígeno indirecto sobre los cánceres promovidos por hormonas, al canalizar la producción estrogénica en el cuerpo en un sendero metabólico que lleva a la producción de un tipo de estrógenos menos estimuladores. Algunas mujeres con cáncer de mama lo han tomado como alternativa al fármaco Tamoxifén, bloqueador de la actividad estrogénica. Se ha descubierto que las verduras de color amarillo y naranja contienen una combinación de factores —incluyendo betacaroteno, calcio, selenio y micronutrientes— que actúan en conjunto para producir un potente efecto anticancerígeno.

También se ha descubierto que los productos a base de soja y de soja fermentada como el miso contienen fitoestrógenos (estrógenos vegetales que bloquean la actividad estrogénica, como el fármaco Tamoxifén), fitatos, inhibidores de la proteasa, isoflavinoides e isoflavonas, que inhiben los oncogenes, la parte del ADN de la célula y el cromosoma en el núcleo celular, responsable de iniciar el crecimiento y la multiplicación de las células del cáncer. Las investigaciones realizadas con el miso han demostrado que tiene sin duda unos efectos que protegen del cáncer. Los limones contienen limoneno, y los tomates, licopeno, unos agentes igualmente anticancerígenos. Las setas shitake y las algas kombu y kelp también obstaculizan la *iniciación* y la *promoción* de las células del cáncer (*véase el glosario*).

Se ha examinado una inmensa variedad de sustancias químicas vegetales por sus propiedades anticancerígenas y curativas. Estas sustancias, en conjunto conocidas como componentes fitoquímicos, incluyen fenoles vegetales, isotiocinatos aromáticos, flavonoides metilados, cumarinas, fitoesteroides, sustancias naturales presentes en las plantas como sales de selenio, ácido ascórbico (vitamina C) acompañado de bioflavinoides y cofactores (en la actualidad se sabe que son tan importantes como las mismas vitaminas), tocoferoles, retinoles y carotenos. Se ha observado que muchas de estas sustancias actúan juntas para neutralizar las sustancias cancerígenas y para reparar los daños producidos en el ADN y en el ARN del núcleo celular, con lo que previenen la formación de tumores.

Se cree que los inhibidores de la proteasa, como los presentes en la soja, protegen a las células de la radiación ionizante, incluyendo la de los rayos-X usados en la terapia del cáncer.

La fibra que ingerimos en la dieta nos protege de dos formas: en primer lugar a través de fitatos y lignanos, como la genisteína y la diadzeína, que disminuyen directamente la producción de radicales libres; y, en segundo lugar, al acelerar el tránsito de sustancias cancerígenas por el intestino, disminuyendo su absorción y sus dañinos efectos. Se ha descubierto que la curcumina, el ingrediente activo de la cúrcuma, una hierba utilizada en la cocina india, también tiene unos efectos concretos anticancerígenos.

La obra más importante sobre este tema es la de Susannah Olivier *The Breast Cancer Prevention and Recovery Diet*, de la cual se ha reproducido la siguiente tabla con la autorización de la autora. Los lectores que deseen profundizar en este tema encontrarán en su libro más referencias científicas sobre el estudio de los fitoquímicos anticancerígenos más importantes.

Los alimentos anticancerígenos y los fotoquímicos que contienen

ALIMENTOS	FITOQUÍMICOS
Aceite de lino	Ácidos grasos esenciales omega 3 y antioxidantes
Aceite de oliva	Antioxidantes específicos
Ajo	Selenio, germanio, antioxidantes, isoflavonas y sulfuro de alilo
Alfalfa	Saponinas, esteroides, flavinoides, cumarinas y alcaloides, diversas vitaminas y minerales
Algas marinas: kombu, kelp, nori, arame, musgo de Irlanda, dulse, wakame	Antioxidantes, caroteno, selenio, iodina, ácido algínico, toda la gama de minerales, oligoelementos y vitamina B_{12}

Alimentos de color rojo/naranja/púrpura, como el melocotón, el melón cantalupo, la zanahoria, el pimiento rojo y el amarillo, la remolacha, la calabaza, el boniato y las bayas rojas y negras	Betacaroteno y proantocianidinas (uno de los antioxidantes más poderosos que se conocen)
Allium (género): cebolla, cebolletas, ajo, puerro, cebollinos	Compuestos del género *Allium*: sulfuro de dialilo y trisulfuro de metilalilo
Almendras	Inhibidores de la proteasa, fitatos, genisteína, lignina y aldehído benzoico
Arroz integral	Sacáridos en la cáscara
Brassica (género): bróculi, col, col de Bruselas, col china, arugula, rábano picante, rabanito, nabo sueco y nabo	Ditioltiones, isotiocianatos, glucosinolatos, indol-3-carbinol «collard», col rizada, y sulfurofano (en el bróculi)
Cítricos	Cunarinas y hesperetina naringenina, glutationa y bioflavinoides
Cúrcuma	Curcumina
Frutos secos frescos y semillas, sobre todo almendras, nueces y nueces negras, nueces pecanas, semillas de girasol, sésamo y linaza (lino)	Inhibidores de la proteasa, ácidos esenciales y antioxidantes
Jengibre	Antioxidantes, gingerol y caroteno
Legumbres	Inhibidores de la proteasa, lignina, genisteína y fitosteroles
Manzana	Ácido clorogénico y ácido cafeico
Ortigas	Caroteno, clorofila, ácido fólico y selenio

Patatas	Inhibidores de la proteasa, ácido clorogénico y vitamina C
Perejil	Fitosteroles, caroteno, ácido fólico, clorofila, vitamina C, aceites esenciales de terpeno, pineno y poliacetileno
Piña	Bromelaína, inhibidores de la proteasa, sustancias cítricas, ácido fólico, ácido málico y ácido clorogénico
Productos a base de soja	Las isoflavonas genisteína y diadzeína, ácido fítico, saponinas, fitosteroles, inhibidores de la proteasa, ácidos grasos omega 3 y lecitina
Raíz de bardana: uno de los componentes del *Essiac*, un remedio herbal anticancerígeno	Aldehído benzoico, fitosteroles, glicósido, mokko lactona y ácido ártico
Regaliz	Triterpenoides
Semillas de linaza	lignina, ácidos grasos omega 3 y ácido alfalinolénico
Semillas germinadas de bróculi y de coliflor	Sulfurofano (en una cantidad 10-100 más elevada que la de las propias verduras)
Setas (maitake, reishi, shitake)	Polisacáridos estimuladores del sistema inmunológico (fomentan los niveles de interferón y de interleucina), selenio, antioxidantes, lignina y compuestos adaptogénicos
Té negro	Los polifenoles teaflavina y tearubigina (que interfieren en la iniciación, promoción y desarrollo de las etapas del cáncer)

Té verde	Epicatequina (el antimutágeno más fuerte de cualquier planta analizada) y epigallocatequina-3-galato
Todos los tés de hoja	Taninos antimutágenos, antioxidantes y polifenoles
Tomate	Antioxidantes, flavinoides, licopeno, ácido clorogénico, cumarinas, caroteno y carotenoides
Uva	Antioxidantes y ácido elágico (las pasas también contienen tanino y ácido cafeico)

Las personas con cáncer opinan que muchos métodos terapéuticos exigen demasiado tiempo, energía y dinero, y que pueden llevar a un relativo aislamiento social y, además, complicarse en crisis curativas (*véase la página 131*) y a una rápida pérdida de peso. Si se inician estos métodos terapéuticos para prevenir o tratar un cáncer, es esencial disponer del apoyo adecuado, de ayuda profesional y de información.

Otro problema son las dietas terapéuticas que surgen de diferentes facultades o escuelas de pensamiento, a menudo contradictorias al basarse en diferentes principios. La clave para resolverlo es elegir un método y seguirlo, sin ir saltando de uno a otro. Sin embargo, con la creciente información que está apareciendo sobre los factores específicos protectores de los alimentos, está siendo posible (como ocurre con el indol-3-carbinol y el curcumin) aislar los factores protectores e incorporarlos a regímenes anticancerígenos sumamente específicos y eficaces, con lo que se evitan algunos de los dogmas y extremismos de algunos métodos dietéticos terapéuticos. No hay que olvidar que muchas personas con cáncer saben que tener una actitud positiva y un espíritu luchador constituye una parte muy importante en el proceso de la recuperación, pero es imposible ser positivo si uno se siente vacío. Disponer de un riguroso método dietético puede ofrecer el marco para un enfoque de autoayuda, y para muchas personas ha sido un punto de partida sumamente importante en su viaje curativo que les ha servido como un símbolo concreto de su intención de mejorar y de vencer la enfermedad. Lo cual produce, de una forma casi generalizada, un gran aumento de la energía y la vitalidad, y esto hace que sea mucho más fácil emprender cambios en el estilo de vida personal. Al mismo tiempo, muchas personas que siguen una alimentación sana o alguna dieta desintoxicante han afirmado que experimentaron unos maravillosos e inesperados beneficios indirectos, como el de la desaparición, o una gran mejoría, de problemas cutáneos, asmáticos o artríticos que padecían desde hacía mucho tiempo.

Los suplementos de vitaminas y minerales para el tratamiento y la prevención del cáncer

Con frecuencia la respuesta a la sugerencia de que las vitaminas, los minerales y los nutrientes esenciales constituyen una parte importante de una dieta anticancerígena es el comentario: «¿Y por qué necesito tomar suplementos de vitaminas y minerales si voy a consumir una dieta tan saludable?».

Comer adecuadamente ejercerá sin duda un duradero efecto protector, pero la cuestión es que estamos expuestos a la contaminación ambiental con los productos petroquímicos y subproductos industriales que se filtran en nuestra red de distribución de agua, a los pesticidas e insecticidas de las industrias agropecuarias, a los efectos de la radiación ionizante y al aumento de rayos ultravioleta, por eso es posible estar expuestos a influencias de sustancias químicas desestabilizadoras que pueden desencadenar un proceso canceroso. Hasta que no estemos en posición de mejorar significativamente los niveles de contaminación, es prudente tomar algunas vitaminas y minerales antioxidantes como medida protectora. En general, las razones para tomar suplementos de vitaminas y minerales son:

- Eliminar las prolongadas deficiencias nutricionales
- Estimular la función inmunológica
- Desactivar los peligrosos radicales libres y las sustancias contaminantes
- Estabilizar directamente las membranas celulares y las células del cáncer
- Una posible regulación de los oncogenes, responsables del desarrollo de las células del cáncer
- Para compensar la pérdida de tejidos causada por la cirugía, la quimioterapia y la radioterapia de quienes tienen cáncer y están afrontando un riguroso tratamiento.

El primero en enseñarme la importancia de las vitaminas y los minerales para los enfermos de cáncer fue el Dr. Kenneth Calman, oficial jefe médico de Gran Bretaña, cuando se encargaba de los servicios oncológicos para el oeste de Escocia en 1985.

En la actualidad hay miles de estudios científicos de excelente calidad revisados por especialistas, que ofrecen sólidas pruebas del papel de la nutrición en el desarrollo, el tratamiento y la prevención del cáncer. El conjunto de investigaciones aumenta cada año, y hoy en día la mayor parte están patrocinadas por organizaciones benéficas establecidas que luchan contra el cáncer y, sin embargo, muchos médicos desconocen esta inmensa cantidad de estudios.

El uso de vitaminas y minerales en el tratamiento convencional del cáncer debería ser actualmente una rutina y todos los que vivimos en una sociedad industrializada deberíamos tomar, como medida preventiva, suplementos de vitaminas y minerales.

Las vitaminas betacaroteno, C y E, y el selenio administrado a 50.000 chinos durante cinco años redujo las muertes por cáncer en un 13 por ciento y las muertes por cánceres más comunes en un 20 por ciento.[1]

Algunos médicos piensan que las dosis de vitaminas administradas son muy elevadas, pero esas dosis se basan en los niveles que en cientos de ensayos clínicos se ha descubierto producen los mejores resultados. No hay que olvidar que la mayoría de las dosis diarias recomendadas de estas sustancias aprendidas por los médicos en las facultades de medicina son las requeridas para prevenir afecciones carenciales como el raquitismo y el escorbuto. En la época que vivimos, como el cuerpo humano está afrontando una serie muy diferente de demandas debido a la evolución y a la «civilización» de la sociedad, necesita tomar unos niveles mucho más altos de esas sustancias. En realidad, la mayor parte de mamíferos, a diferencia del ser humano, han conservado la capacidad de sintetizar por sí mismos la vitami-

1. (a). W. J. Blot y otros, «Nutrition intervention trials in Linxian (Complementación con una combinación de vitaminas y minerales específicos, la incidencia del cáncer y las enfermedades específicas causantes de mortalidad en la población)», *Journal National Cancer Institute* 85.18, 15 de septiembre de 1993, pp. 1483-1492; (b) J. Y. Li y otros, «Nutrition trials in Linxian (Complementación con multivitaminas y minerales, la incidencia del cáncer y las enfermedades específicas causantes de mortalidad entre adultos con displasia esofágica)», *Journal of the National Cancer Institute* 85.18, 15 de septiembre de 1993, pp. 1492-1498.

na C y de hacerlo a un nivel que equivaldría a ingerir la dosis recomendada de 3-6 g diarios.

Las vitaminas y los minerales en cantidades adecuados son esenciales para la salud. El sistema inmunológico los necesita y algunos juegan un papel más directo al proteger el cuerpo contra el cáncer. El estrés, las enfermedades y los tratamientos para combatirlas aumentan la necesidad del cuerpo de tomar suplementos de este tipo y los estudios han demostrado que las personas que desarrollan un cáncer pueden tener unos niveles relativamente bajos de esas sustancias esenciales. Es, por tanto, muy razonable asegurarse de que en el cuerpo no llegue a progresar un estado deficitario de vitaminas y minerales, sobre todo cuando muchas personas afirman que al tomar suplementos afrontan mejor la radioterapia y la quimioterapia, hecho avalado por los estudios científicos.[1]

Se ha demostrado que el retinol (vitamina A) y el betacaroteno (precursor de la vitamina A) ejercen unos efectos anticancerígenos poderosísimos, hasta el extremo de hacer incluso que las células del cáncer se normalicen en condiciones de laboratorio.[2] Los bajos niveles de vitamina A se han relacionado con el cáncer de colon, pulmón, cérvix, laringe, vejiga, esófago, estómago, recto, próstata y boca.[3] Paradójicamente, unos estudios recientes han demostrado que los fumadores que toman betacaroteno pueden aumentar el riesgo de padecer cáncer. ¡De modo que te sugiero que dejes los cigarrillos en vez del betacaroteno![4]

1. Dra. Sandra Goodman, *Nutrition and Cancer: State of the Art*, Green Library Publications, Londres, 1995.

2. Ferrari, *Biochem. e. Biophys*, Acta 1007, 1989, p. 3035.

3. (a) Dra. Rosy Daniel y Dra. Sandra Goodman, «Cancer and Nutrition: The Positive Scientific Evidence», Bristol Cancer Help Centre, julio 1994; (b) Nutrition Database, Bristol Cancer Help Centre, julio de 1993.

4. *Lancet* (reseña de artículo) 347, enero de 1996, p. 249.

Cientos de estudios sobre la vitamina C han demostrado el efecto preventivo de ésta contra el cáncer.[1] La vitamina C es la carroñera más rápida de radicales libres que existe y aumenta también el aporte de oxígeno al mejorar el estado hemoglobínico de la sangre. Su eficacia se potencia con la vitamina K y con el hierro en forma de gluconato ferroso.

El estrés reduce los niveles de vitamina C, otra de las razones de por qué el estrés nos deja tan vulnerables. Se ha descubierto que las personas con un cáncer de útero, cérvix y ovario, y las que tenían leucemia o linfomas malignos tenían bajos niveles de vitamina C.[2]

La vitamina E también es un antioxidante, ayuda al cuerpo a usar adecuadamente el mineral del selenio, sobre todo cuando se ingiere en la forma natural del tocoferol (en vez del succinato sintético). El selenio es un factor que previene o combate el cáncer porque nos protege de los radicales libres, los mutágenos, los metales pesados tóxicos y de cientos de agentes bacterianos, virales y fungosos que provocan enfermedades.[3]

SUPLEMENTOS NUTRICIONALES CLAVE DURANTE LAS FASES ACTIVAS DEL CÁNCER

Vitamina C (como ascorbato cálcico y ascorbato de magnesio)

Empieza con 500 mg tres veces al día y sube la dosis gradualmente hasta tomar 2 g tres veces al día o toma 500 mg de la vitamina C comercializada por Nature's Own Food State tres veces al día.

1. Dra. Sandra Goodman, *Vitamin C: The Master Nutrient*, Keats Publishing Inc., 1991.
2. Nutrition Database, Bristol Cancer Help Centre, julio de 1993.
3. Ibíd.

Nota aclaratoria: si tienes problemas estomacales, reduce la dosis y vuelve a la cantidad que no te producía diarrea. Es mejor evitar la forma del ácido ascórbico por ser demasiado ácido y causar pequeños problemas estomacales.

Betacaroteno

15 mg/día en cápsula o 3 x 5 mg/día en tableta (aproximadamente 25.000 ui/día). Como un vaso de 1/4 de l de zumo de zanahoria equivale a 5 mg o 10.000 ui, reduce la dosis si bebes esta clase de zumo. (El betacaroteno es la forma más segura de tomar vitamina A).

Nota aclaratoria: el betacaroteno es un pigmento que puede hacer ocasionalmente que la piel adquiera un tono anaranjado. Si te ocurre, reduce la dosis, pero no te preocupes. La coloración de la piel no te perjudicará en absoluto y al reducir la dosis desaparecerá al cabo de poco.

Selenio

200 mg/día.

Vitamina E

400 ui/día.

Nota aclaratoria: en el pasado el uso de la vitamina E en los cánceres hormonodependientes (es decir, el mamario, uterino, ovárico, prostático y testicular) fue objeto de polémica, ya que puede aumentar los niveles hormonales. Sin embargo, en la actualidad las pruebas de los beneficios que la vitamina E aporta en este tipo de cánceres supera con creces las preocupaciones teóricas que había al respecto y ahora se recomienda a las personas con cánceres hormonales.

Vitaminas grupo B

50 mg/día.

El grupo B contiene todas las vitaminas B en una tableta.

Nota aclaratoria: Puede que al tomarla la orina se vuelva muy amarilla, pero no tienes por qué preocuparte.

Orotato de cinc (o gluconato de cinc)

100 mg/día, o 50 mg/día de citrato de cinc, o 15 mg de cinc elemental.

Después de 3 meses reduce la dosis a 30 mg de orotato de cinc (15 mg de citrato de cinc) al día (aproximadamente 5 mg de cinc elemental), ya que el cinc puede acumularse en el cuerpo.

Nota aclaratoria: Como el cinc no se absorbe bien, es mejor no ingerirlo con la comida; el truco está en que sea la última cosa que tomes por la noche.

PARA PREVENIR EL CÁNCER Y PARA LAS PERSONAS QUE SE ESTÁN CURANDO DEL MISMO

Vitamina C	1 g 3 veces/día o 250 mg de vitamina C de Nature's Own Food State
Betacaroteno	15 mg/día (25.000 ui)
Selenio	200 mcg/día
Vitamina E	400 ui
Orotato de cinc	30 mg/día (5 mg/día de cinc elemental)
Vitaminas grupo B	50 mg/día

VITAMINAS Y MINERALES RECOMENDADOS DURANTE LA RADIOTERAPIA Y LA QUIMIOTERAPIA

La vitamina C aumenta la eficacia de la radioterapia y ayuda a reducir la anemia, el dolor, la falta de apetito y la pérdida de peso que experimentan las personas que reciben este tratamiento. Protege el corazón de quienes toman el fármaco quimioterapéutico adriamicina (al igual que la coenzima Q10 o ubiquinona).[1] La vitamina C también potencia la eficacia de los agentes quimioterapéuticos 5-fluouracilo y bleomicina. La vitamina E reduce la toxicidad cardíaca y cutánea y la caída del cabello de quienes toman doxorrubicina, protege los tejidos linfáticos del agente de la bleomicina y disminuye la cardiotoxicidad de la adriamicina. El betacaroteno potencia la eficacia de la terapia a base de 5-fluouracilo, metotrexato y cobalto. El selenio también es radioprotector y quimioprotector y protege a los riñones del cisplatino. Como la radioterapia disminuye los niveles de vitamina E, B_{12}, ácido fólico y C, mientras se sigue este tratamiento es una buena idea asegurarse de ingerir una dieta rica en esas sustancias o suplementos vitamínicos.[2]

Remedios durante la quimioterapia

Para los trastornos abdominales, toma zumo de aloe vera (1 cucharadita tres veces/día); u olmo americano en polvo (1 cucharadita 3 veces/día) en un té de hierbas concentrado, o mezclado con leche de soja o yogur; o té de consuelda (3 veces/día). También puedes tomar olmo americano en tabletas tres veces al día.

1. W. V. Judy, J. H. Hall, W. Dugan, P. D. Toth y Karl Folkers, «Coenzyme Q10 reduction of adriamycin cardio-toxicity», en Karl Folkers y Y. Yamamura, eds., *Biochemical and Clinical Aspects of Coenzyme Q10*, vol. 4, Elsevier, Amsterdam, 1984.

2. Nutrition Database, Bristol Cancer Help Centre, julio de 1993; Michael Lerner, Choices in Healing, MIT Press, Cambridge, Massachusetts, pp. 234, 235.

Para las náuseas

Prueba la raíz de jengibre, rallada o como un té (también hay bolsitas de té de jengibre). Hay personas a las que les resultan últiles las Sea-Bands, unas bandas que se llevan en la muñeca y se venden para combatir el mareo en los viajes por mar. Actúan presionando unos puntos importantes de acupuntura a través de pequeñas almohadillas y son increíblemente eficaces. Se venden en la mayoría de farmacias. El olmo americano también se usa para aliviar las náuseas.

Remedios durante la radioterapia

Los efectos secundarios de la radioterapia pueden aliviarse con un remedio homeopático que combate la radiación llamado Homoeopathic Radiation Remedy (puede adquirirse en el Galen Homoeopathics, Lewell Mill, West Stafford, cerca de Dorchester). La crema de aloe vera y vitamina E o la crema para reducir los efectos de la radiación de la línea de aromaterapia Louise Brackenbury (pueden adquirirse en la tienda del Bristol Cancer Help Centre), sirven para proteger la piel durante el tratamiento de radioterapia y después de él.

Problemas en la deglución de píldoras o cápsulas

Muchas vitaminas pueden adquirirse en forma de gotas. La mayoría de las tabletas pueden triturarse y las cápsulas, partirse, para que sean más agradables de tomar al mezclarlas en un zumo de fruta o en una sopa.

Problemas con la absorción

Si sospechas por cualquier razón que puedes tener algún problema para absorber las vitaminas, usa productos sublinguales, concebidos para ser absorbidos bajo la lengua o en la cavidad de las mejillas.

Coenzima Q10 o ubiquiñona

Esta sustancia está siendo objeto de gran atención por sus posibles efectos de protección y tratamiendo del cáncer. Forma parte del mecanismo productor de energía en las células y tiene una función antioxidante. En un estudio danés sobre mujeres con cáncer de mama se indica que muchas de ellas experimentaron una notable mejoría de su enfermedad al tomar dicha sustancia. En el estudio, las mujeres llegaron a ingerir hasta 300 mg diarios.[1] Como método preventivo 90 mg/día es más que suficiente.

Conclusión

Espero que ahora te sientas lo bastante convencido, informado e inspirado como para cambiar de dieta y confío en que constituirá un cambio realmente creativo y excitante en tu vida y para tu salud. Ojalá sientas el deseo de hacer este cambio de una manera suave y exploratoria, sin estresarte ni sentirte infeliz mientras lo llevas a cabo.

Jane Sen, nutricionista y chef, ha demostrado sin la menor duda que la cocina vegana puede ser tan accesible, deliciosa y seductora como cualquier otro tipo de comida.

Juega, experimenta y convéncete de la posibilidad de disfrutar con esta forma de cocinar y comer, y goza de la satisfacción y del profundo proceso curativo que te produce alimentarte adecuadamente a medida que te vayas sintiendo en forma, sano, feliz y fuerte.

1. Lockwood, Moesgaard, Hanioka y Folkers, «Partial and complete regression of breast cancer in patients in relation to dosage of coenzyme Q10, antioxidant vitamins and fatty acids», *Biochemical & Biophysical Research Communication*, 30 de marzo de 1994.

Glosario de términos médicos y nutricionales

ácido caprílico. Ácido suave utilizado para ayudar a acidificar el cuerpo con el fin de prevenir el desarrollo de hongos como el *Candida albicans*.

ácidos grasos esenciales. Ácidos grasos esenciales para el cuerpo y que no son sintetizados por él.

ácidos grasos hidrogenados. Ácidos grasos con una unidad de hidroxilo fijada (es decir, una unidad de oxígeno/hidrógeno); son inestables y potencialmente perjudiciales para el cuerpo.

alergeno. Sustancia inductora de una reacción alérgica.

angina de pecho. Dolor en el corazón causado por falta de oxígeno en el músculo cardíaco, debido normalmente al estrechamiento de las arterias del corazón.

antioxidante. Sustancia que retrasa el deterioro por oxidación, sobre todo de aceites, grasas y alimentos.

cofactores. Sustancias químicas requeridas para promover la actividad de otra sustancia química (p. ej., vitaminas).

daño oxidativo. Daño producido en los tejidos y en los procesos bioquímicos por los radicales libres.

DNA. Ácido desoxirribonucleico, el principal constituyente de los cromosomas de todos los organismos.

enzimas. Proteínas producidas por células vivas que actúan como catalizadores en reacciones bioquímicas como la digestión y el metabolismo.

fitoquímicos. Componentes químicos de los vegetales.

hidrocarburo. Cualquier compuesto orgánico que contenga solamente hidrógeno y carbono.

hormonodependiente. Cáncer cuyo crecimiento se fomenta por la presencia de hormonas.

iniciador. Iniciador del desarrollo de una célula cancerosa.

irradiación gamma. Irradiación de los alimentos con rayos gamma, unos rayos electromagnéticos de frecuencia más corta y de mayor intensidad que los rayos-X.

kilojulio. Medida de energía equivalente a 1.000 julios.

malabsorción. Absorción imperfecta o defectuosa de los nutrientes a través de la pared intestinal.

metabolizar. Se refiere al proceso químico que ocurre en los organismos vivos que da como resultado el crecimiento, la producción energética, la eliminación del material de desecho, etc.

polarización eléctrica. Presencia de un gradiente de potencial eléctrico.

potencial de transmembrana. Un gradiente de potencial eléctrico en los dos extremos de una membrana celular.

promotor de cáncer. Aumenta la actividad de las células del cáncer una vez se han vuelto cancerosas.

salitre. Nitrato de potasio, usado para conservar la carne.

Bibliografía

Obras científicas

Daniel, Dra. Rosy y Goodman, Dra. Sandra, «Cancer and Nutrition: The Positive Scientific Evidence», Bristol Cancer Help Centre, 1994.

Flytlie, Dr. Knut y Madsen, Bjorn F, «Q10 — Body Fuel: The natural way to a healthier body — and a longer life», Norhaven rotation A/S, Dinamarca.

Goodman, Dra. Sandra, *Vitamin C: The Master Nutrient*, Keats Publishing, 1991.

—, *Nutrition and Cancer: State of the Art*, Green Library Publications, 1995.

Obras sobre nutrición

Holford, Patrick, *The Optimum Nutrition Bible*, Crossing Press, Santa Cruz, California, 1999.

—, *Say No to Cancer*, Piatkus, Londres, 1999.

Olivier, Suzannah, *The Breast Cancer Prevention and Recovery Diet*, Penguin, Londres, 2000.

—, *The Detox Manual*, Simon and Schuster, Nueva York, 2001.

—, *Maximizar nuestra energía*, Celeste Ediciones, Torrejón de Ardoz, 2002.

Plant, Jane, PhD, *Tu vida en tus manos: una guía práctica para comprender, prevenir y superar el cáncer de mama*, RBA, Barcelona, 2001.

Libros de cocina

Elliot, Rose, *The Bean Book,* Thorsons, Londres, 2000.

—, *Not Just a Load of Old Lentils,* Thorsons, Londres, 1994.

Gavin, Paola, *Italian Vegetarian Cooking,* Brown, Little, 1991.

Hom, Ken, *Cocina tradicional china,* Martínez Roca, Barcelona, 1999.

Jaffrey, Madhur, *Eastern Vegetarian Cooking,* Jonathan Cape, Londres, 1983.

—, *Indian Cookery,* BBC Books, Londres, 1996 (no contiene sólo recetas vegetarianas).

Kenton, Leslie, *Raw Energy Recipes,* Ebury, Londres, 1994.

—, *Cómo desintoxicar tu cuerpo en 10 días,* Edaf, Madrid, 1994.

—, *La curación por los zumos,* Martínez Roca, Barcelona, 1997.

Leneman, Leah, *Early Vegan Cooking,* Thorsons, Londres, 1998.

Ross, Janet, *Leaves from Our Tuscan Kitchen,* Penguin, Londres, 1997.

Sen, Jane, *The Healing Foods Cookbook,* Thorsons, Londres, 2000.

—, *More Healing Foods,* Thorsons, Londres, 2001.

Wakeman, Alan, *The Vegan Cookbook,* Faber & Faber, Londres, 1986.

Aunque *Indian Cookery* no sea un libro de recetas vegetarianas y los dos libros italianos no sean veganos, contienen muchas recetas veganas que pueden inspirarte. En la actualidad si visitas la sección de cocina de una buena librería, encontrarás muchos libros de recetas vegetarianas y veganas.

MANUALES PARA LA SALUD

Títulos publicados

1. **Hierbas para la salud** - *Kathi Keville*

2. **Remedios naturales para la salud del bebé y el niño** - *Aviva Jill Romm*

3. **Saber comer** - *Edición a cargo del equipo de* Prevention *Magazine Health Books*

4. **Vitaminas que curan** - *Edición a cargo del equipo de* Prevention *Magazine Health Books*

5. **La lactancia natural** - *Hannah Lothrop*

6. **El método Pilates** - *Brooke Siler*

7. **Yoga para el bebé** - *DeAnsin Goodson Parker y Karen W. Bressler*

8. **Zumos, jugos, tés y batidos para su salud** - *Anita Hirsch*

9. **Masajes para bebés y niños** - *Margarita Klein*

10. **Yoga para niños** - *Stella Weller*

11. **Yoga para aliviar el dolor de espalda** - *Stella Weller*

12. **Cómo desintoxicar la mente, el cuerpo y el espíritu** - *Jane Scrivner*